FULL TASTE ZERO WASTE

FREA

Jasmin & David Johannes Suchy

FÜR LEA

27.05.2020

ZERO WASTE

KALENDER

GRUSSWORT

Liebe*r Leser*in,

wir, das sind Jasmin und David Johannes Suchy, freuen uns sehr, dir mit diesem Buch endlich ausführlich über FREAs Entstehungsgeschichte berichten zu können. Hätte man uns 2014 gefragt, wo wir uns in fünf Jahren sehen, wäre uns bestimmt nicht in den Sinn gekommen, dass wir gemeinsam ein pflanzenbasiertes Zero-Waste-Restaurant eröffnen. Dieses Buch beschreibt unsere persönliche Reise und Entwicklung in Richtung Nachhaltigkeit. Wir sind glücklich, mit FREA einen Ort geschaffen zu haben, der von so vielen positiv angenommen wird.

FREA ist für uns eine Herzensangelegenheit. Dir mit leckerem Essen eine Freude zu bereiten, bedeutet uns viel und treibt uns jeden Tag an, noch weiterzugehen. Wir hoffen, dich mit dem Buch inspirieren zu können und dir Anreize zu geben, Neues auszuprobieren. Dabei vermitteln wir in Bild und Wort, woher wir unsere Produkte beziehen, wie wir sie zubereiten, was uns bei FREA motiviert und wodurch sich die dahinterstehende Philosophie auszeichnet.

Wir wünschen dir viel Spaß beim Lesen!

Bis bald bei FREA.
Dein FREA-Team

PLASTIC OVERKILL

Im Jahr 2020 entdecken Forschende im Marianengraben eine neue Flohkrebsart: Der Krebs ist kaum fünf Millimeter lang, lebt zwischen den Philippinen und Japan in 6.500 Metern Tiefe und in seinem Magen fanden die Wissenschaftler*innen Plastik. Sie taufen den kleinen Tiefseebewohner „Eurythenes plasticus", um ein Zeichen für die Nachwelt zu setzen. Denn selbst bis an den tiefsten Punkt der Erde gelangen Rückstände von Kunststoffen wie PET. Was zeigt dieser Fund?[1]

Wir sind im Zeitalter des Anthropozäns angelangt, einem Zeitabschnitt in der Geschichte der Erde, der maßgeblich vom Menschen beeinflusst ist. Seit der Industrialisierung greift der Mensch intensiv in biologische und ökologische Prozesse ein. Dieses Eingreifen führt letztlich zum Ende des Holozäns, der vorangegangenen, stabilen Phase der letzten 400.000 Jahre. Laut Paul Crutzen, Nobelpreisträger für Chemie und Erfinder des Begriffs Anthropozän, verursachte der Mensch in den letzten 200 bis 300 Jahren nicht nur lokale, sondern auch globale Veränderungen der natürlichen Umwelt, vor allem durch die Erhöhung der atmosphärischen Konzentration von Treibhausgasen. Weitere Effekte sind das antarktische Ozonloch, die Nutzung von 30 bis 50 Prozent der globalen Landoberfläche durch den Menschen, die Ausbeutung der Meere durch die Fischerei, Landschaftsveränderungen durch Deichbauten, Flussumlenkungen und andere Phänomene, wozu auch die Verschmutzung der Umwelt mit Plastikmüll und -rückständen zählt.[2]

Es ist der Mensch, der verantwortlich ist für viral gegangene Bilder einer Schildkröte, der ein Strohhalm aus der Nase gezogen wird.

Meerestiere verwechseln Plastikmüll mit echter Nahrung wie Plankton und verhungern mit (plastik-)gefülltem Magen. Aber auch wir tragen Plastik in uns: Laut einer WWF-Studie nehmen Menschen weltweit durchschnittlich bis zu fünf Gramm Mikroplastik pro Woche auf. Auf das Jahr gerechnet sind das 250 Gramm Plastik.[3] Und selbst wenn man sich um Mülltrennung bemüht, ist die Lage düster: Nur zehn Prozent des Plastiks, das auf dem Müll landet, kann überhaupt wiederverwertet werden.[4] Noch dramatischer verhält es sich mit der illegalen Müllverbrennung und -entsorgung, die weitere Gesundheitsrisiken birgt. Auch hier wird mit der Ausbeutung der Umwelt und ihren frei verfügbaren Gütern wie Luft, Boden und Grundwasser Profit gemacht: Nach dem Kokainanbau und -handel ist die illegale Müllentsorgung das zweitlukrativste Geschäft der Mafia in Italien.[5]

Wie können wir also verhindern, im Plastik zu versinken und unserem Planeten und seinen Bewohner*innen weiter zu schaden?

Es braucht Lösungswege und couragierte Vorreiter*innen, die als positives Beispiel vorangehen und andere dazu ermutigen, sich anzuschließen.

FREA

Glaub an dich,
denn nur so schaffst du
aus deinen Träumen
deine Realität.

EVERY-
THING
STARTS
WITH
FOOD.

NOMEN EST OMEN – FREA

Bei jeder Namensgebung ist das Ziel, einen Namen zu finden, der die Essenz der dahinterstehenden Idee wiedergibt. Wir haben unser Restaurant auf den Namen „FREA" getauft. Er entspringt der Göttergestalt „Freyja", verwurzelt in der nordischen Mythologie. Eine poetische Umschreibung ihrer Qualitäten lautet wie folgt:

Hvernig skal Freyju kenna? Svá, at kalla hana dóttur Njarðar, systur Freys, konu Óðs, móður Hnossar, eigandi valfalls ok Sessrúmnis ok fressa, Brisíngamens, Vanagoð, Vanadís, it grátfagra goð, ástaguð. - Svá má kenna allar ásynjur at nefna annarrar nafni ok kenna við eign eða verk sín eða ættir.

– SNORRA EDDA, ISLÄNDISCHES ORIGINAL

HOW SHOULD ONE PARAPHRASE
FREYJA? THUS: BY CALLING HER
DAUGHTER OF NJÖRDR,
SISTER OF FREYR,
WIFE OF ÓDR,
MOTHER OF HNOSS,
POSSESSOR OF THE SLAIN,
OF SESSRÚMNIR,
OF THE GIB-CATS,
AND OF BRÍSINGA-MEN;
GODDESS OF THE VANIR,
LADY OF THE VANIR,
GODDESS BEAUTIFUL IN TEARS,
GODDESS OF LOVE.
ALL THE GODDESSES MAY BE
PARAPHRASED THUS:
BY CALLING THEM BY THE NAME
OF ANOTHER, AND NAMING THEM
IN TERMS OF THEIR POSSESSIONS
OR THEIR WORKS OR THEIR
KINDRED.

– SNORRA EDDA, SKALDSKAPARMAL, XXVIII. FREYJUKENNINGAR

TRANS. BRODEUR 1916:129

Dem Zitat zufolge ist die Göttin Freyja vielgestaltig hinsichtlich ihrer Funktionen: Sie ist Göttin der Fruchtbarkeit, des Ackerbaus, des Frühlings, des Glücks, der Schönheit („beautiful in tears") und der Liebe. Sie ist aber auch „Lehrerin des Zaubers (seiðr)" sowie Anführerin der Walküren und hat somit auch eine kriegerische Facette. Generell sind die Dualitäten Leben und Tod sowie Frieden und Krieg charakteristisch für sie. Meist wird sie zusammen mit ihren tierischen Begleiterinnen, zwei Katzen, den sogenannten „Gib-Cats", gezeigt, die ihren Streitwagen ziehen, mit dem sie sich auf eine schamanische Reise begibt. Die Göttin, wie viele andere Gottheiten auch, arbeitet mit den Tieren zusammen und erhält erst durch diese Beziehung auf Augenhöhe ihre volle Kraft. Nicht zuletzt sind sie oft „Shapeshifters", können sich also in Tiere verwandeln.

Der*/die Held*in ist in vielen Fällen nur dank der tierischen Hilfe erfolgreich. Man denke etwa an „Aschenbrödel", der die emsigen Tauben beim Auslesen der Linsen zur Hilfe eilen, sodass sie zum Ball des Prinzen entschwinden kann. Im Vorhinein sprach sie mit all ihren nichtmenschlichen Unterstützer*innen, beklagte ihre Not und kümmerte sich im Gegenzug um sie. In mythischen Erzählungen, aber auch in Kinderbüchern ist die Kommunikation mit den Tieren als intelligente Mitgeschöpfe omnipräsent. So wundert es auch nicht, dass die wichtigste Göttin der nordischen Mythologie eine besondere Partnerschaft zu den Katzen auszeichnet. Der Fund von Artefakten in Island, die Freyja zusammen mit den Katzen zeigen, deutet darauf hin, dass sie als Symbol für Fruchtbarkeit verehrt wurde.

Das Restaurant spiegelt das Lebensgefühl und die Qualitäten Freyjas wider – und erweist sich somit en passant ihres Schutzes würdig. Wir verstehen die Göttin Freyja gleichzeitig als unsere Schutzpatronin für nachhaltiges Leben, da ihr Wirken unabdingbar mit Fruchtbarkeit, Erdverbundenheit und Wohlstand bzw. Fülle verknüpft ist. Sie schützt, was uns am Herzen liegt und uns ausmacht: der Rückgriff auf lokale Erzeugnisse aus „ökologischem Anbau", die unsere Köch*innen mit Liebe und Raffinesse in köstliche Gerichte verwandeln. Ihr Wert besteht darin, ressourcenschonend und leidvermeidend zu sein.

FREA VEREINT KLIMASCHUTZ, TIERSCHUTZ UND RESPEKT VOR DEM LEBEN.

WERTSCHÄTZUNG VON ESSEN IST SOMIT UNSER HÖCHSTES ANLIEGEN. GLEICHSAM BESTEHT UNSER „ZAUBER“ DARIN, DEN GRUNDGEDANKEN VON GUTEM ESSEN WIEDERZUBELEBEN UND DABEI ALLES SELBST HERZUSTELLEN.

DMM'21

ALLES NEUE BRAUCHT EINEN ANFANG

Sommer 2017: Nachdenklich stand ich in meinem Wohnzimmer. Vor mir die große Wand, vollgehangen mit Notizzetteln. Seit Monaten feilte ich bereits an der Idee meines geplanten Restaurants. Soeben war ich von einem Treffen mit einem Investor zurückgekehrt. In dem Restaurant sollte es abgepackte Gerichte in Bioqualität geben – fertig zum Mitnehmen, getreu dem Motto: „Quick in, quick out". Ich sah den Vorteil darin, dem Gast sein Gericht unmittelbar, ohne lange Wartezeiten, zu übergeben. Der Nachteil lag jedoch darin, dass der Gast kaum eine Beziehung zu den verwendeten Lebensmitteln, zu deren Anbau und ihrer Zubereitung aufbauen würde. Hauptsache, es ging schnell und unkompliziert. Auch die Flut an Verpackungen gab mir zu denken und schreckte mich ab. Mich überkamen in dieser Zeit immer größere Zweifel und ich fragte mich, ob dies wirklich der Plan sein sollte, in den ich all meine Zeit, Konzentration und Aufmerksamkeit der nächsten Jahre investieren würde. Auch ein persönlicher Transformationsprozess nährte diese Zweifel.

Seit drei Monaten hatte ich die Zero-Waste-Philosophie zunehmend in meinen Alltag integriert, nachdem ich der Müllflut in der Gastronomie überdrüssig war.

Ich war mittlerweile schon zwei Jahre selbstständig und mit meiner Cateringfirma hatte ich viele Aufträge. Doch auch beim Catering waren es die Müllberge, die mich am meisten störten. Ich habe es damals gehasst, am Ende eines Caterings mindestens zwei blaue Säcke voll Abfall entsorgen zu müssen. Darum machte ich es mir zum Ziel, diese Säcke aus meinem Arbeitsalltag zu verbannen. Dieser Wunsch sprang auch auf meinen Plastikkonsum im Alltag über. Genauer gesagt: Ich wollte beweisen, dass Plastikvermeidung auf verschiedenen Ebenen möglich ist, egal ob bei Caterings, in der Gastronomie oder im Haushalt.

Die Zero-Waste-Philosophie zeigte mir dabei eine Bandbreite an Methoden, die mir dabei halfen, jeden Tag etwas nachhaltiger zu werden.

Mit Blick auf den hohen zeitlichen und finanziellen Einsatz, der für meine Restaurantidee gefordert war, fragte ich mich, ob ich all meinen Fortschritt hinsichtlich Nachhaltigkeit vergessen und ein Restaurant eröffnen sollte, das meinen neugewonnenen Überzeugungen widerstreben würde. Tagelang konnte ich nicht schlafen, lag nachts wach und überlegte mir, wie wohl eine verpackungsfreie Gastronomie aussehen könnte. In mir brodelte das Feuer und ich wollte nicht mehr der Norm entsprechen und es so machen wie alle anderen.

Ich kam zu dem Entschluss, meinem persönlichen Wertewandel treu zu bleiben. Es war mir zu wichtig geworden, wie stark und auf welche Weise ich Einfluss auf unsere Umwelt nehme. Ich wollte gastronomisch etwas verändern.

Mit dieser Entscheidung begann alles von vorne: Ich überwies das Investment für das Restaurant zurück, denn in meinem Kopf feilte ich schon an einer besseren Idee, die meinem neuen Wertekompass mehr entsprach. Ich wollte nicht weniger, als das ganze Gastrosystem revolutionieren und dabei alles anders machen. Warum denn nicht mal konsequent auf Verpackungen und Müll verzichten und umso mehr auf Aspekte wie ökologischen Anbau, Regionalität, Saisonalität und vor allem Geschmack setzen?

WIR ALLE KÖNNEN ETWAS VERÄNDERN

Gerade das Jahr 2017 bot einen Weckruf für mich und andere, endlich umzudenken. Einen alarmierenden Tag stellte der 24. April dar, Deutschlands Earth Overshoot Day. Mit dem „Erdüberlastungstag" macht die Organisation „Global Footprint Network" jährlich darauf aufmerksam, dass die Weltgemeinschaft mehr natürliche Ressourcen konsumiert und Verschmutzung anrichtet, als der Planet kompensieren kann. 2017 hätte es 3,2 Erden gebraucht, wenn weltweit alle so leben und konsumieren würden wie in Deutschland.[6] Die Erde ist kein Selbstbedienungsladen mit ewig gefülltem Lager. Vielmehr bedeutet ein Konsum, der höher ist als das, was wir regenerieren können, Diebstahl an künftigen Generationen. Diese Erkenntnis nahm immer mehr Raum in meinem Denken ein.

Doch ich sah auch einen Weg heraus aus der Misere: Grundlage für die Berechnung des Earth Overshoot Days ist der ökologische Fußabdruck, welcher einen Indikator für den Ressourcenverbrauch und die Auswirkungen des menschlichen Handelns auf die Umwelt darstellt. Auch der CO_2-Fußabdruck wurde für mich zu einem wichtigen Richtwert.

Neben Energiegewinnung und Mobilität sind es Landwirtschaft und Nutztierhaltung, die immense Ressourcen verbrauchen und unsere CO_2-Bilanz besonders stark belasten. Dies, so erkannte ich, sind die Stellschrauben, die es zu bewegen gilt, um klimagerechter zu leben. Ich lernte, dass ich meine Fußabdrücke (ökologisch und CO_2) von alleine verändern könne, wenn ich auf mehrere Aspekte achten würde. Dazu gehört unsere Ernährung, auf welche Art und wie viel wir mobil sind oder auch welche Kleidung wir tragen. Auch die Form der Stromerzeugung, die wir unterstützen, spielt hinein. Die Abfallthematik verbindet all diese Felder. Durch meinen Fokus auf die Gastronomie drängten sich mir Fakten zu der klimaschädlichen Wirkung von den Tonnen an Plastikmüll auf, die in der Gastronomie entstehen. 2017 lag in Deutschland das Gewicht der Abfälle aus Produktion und Gewerbe bei 55.794 Tonnen.[7] Das entspricht dem Gewicht von 11.000 ausgewachsenen Elefanten. Es musste unbedingt etwas getan werden und so setzte ich alles daran, mit meinem neuen Konzept eine ressourcenschonende Gastronomie zu fördern.

So war die Idee eines Zero-Waste-Restaurants geboren. In meinem Fall ist aus dem unschuldigen Interesse für das Thema ein nicht mehr zu bändigender Wille entstanden, ein nachhaltiges Restaurant-Projekt zu erschaffen.

Zunächst informierte ich mich weiter und recherchierte, wo es bereits Restaurants gab, die nach dem Zero-Waste-Prinzip agierten. Zwar kannte ich bereits verpackungsfreie Supermärkte wie „Original Unverpackt" in Berlin und anderenorts, aber bislang fehlte ein gastronomischer Betrieb, der die Zero-Waste-Philosophie praktizierte. Ich verfeinerte dabei auch meine Vorstellung davon, was ein solches Restaurant ausmacht: Sollte es nur müllfrei sein oder ganz explizit Zero-Waste?

Ernüchtert stellte ich fest, dass es sich bei müllfreier Gastronomie nicht nur in Berlin und Deutschland, sondern auch global um eine Nische handelte.

Darum gab es bislang kaum Vorbilder, an denen sich zu orientieren war. Einzig und allein in Brighton, der coolen kleinen Schwester Londons, fand ich mit dem „SILO" ein Restaurant, das sich der Abfall- und Verpackungsthematik annahm.

„NA GUT, DANN GEHT'S WOHL NACH BRIGHTON."

Bis zu dieser Zeit hatte ich meine Cateringfirma und eigene Marke „Johnny & the Food" in Berlin etabliert. Ich kochte für große Events, zusammen mit Kindern in Schulen und lud Kochvideos bei YouTube hoch.

Doch in einer richtigen Küche, bei laufendem Restaurantbetrieb, hatte ich noch nie gestanden. Das war die nächste Herausforderung für mich: in einem Restaurant mitzuarbeiten und zu lernen. Dafür war das SILO der ideale Anlaufpunkt. Geführt von Douglas McMaster, eröffnete es im Jahr 2013. Ich liebte es, zu kochen und essen zu gehen. Gerade das Reisen war für mich in Bezug auf die neu zu entdeckende Kulinarik spannend. Ich musste also unbedingt nach Brighton und im SILO arbeiten. Nur so konnte ich wirklich verstehen, was es bedeutete, ein Zero-Waste Restaurant zu eröffnen und zu führen. Ich schrieb Douglas also eine E-Mail.

Hey lovely Silo-Team,

my name is David & I am from Berlin. I love food & even more I love to cook. Sustainability, awareness & organic foods are a must in my kitchen. I also do caterings, I shoot recipe Videos for organic supermarkets & I love to picture my food & write it down on my Blog & on Instagram. I also have a kids project where I monthly visit them in school & cook with them + I just graduated in holistic health coaching.

I am talking a lot about how often you should eat meat & fish etc. but I actually never thought about waste. So that's why I want to change my household but also my business idea into zero-waste.

I would love to visit Silo & if the possibility is there, why not work for you a little bit, like 7-10 days. I want to dive into your philosophy.

What do you think?
Would be amazing to hear back from you.

Best
David

Hello David,

great to hear from you.

Our Sous chef Halfdan will assist with your visit. We'd love to have you!

Doug
www.silobrighton.com

Die schnelle und positive Antwort freute mich sehr und jetzt war klar: Es geht nach Brighton.

Die Zeit bis zur Abreise zum SILO konnte ich kaum abwarten, denn ich spürte den Wandel und den Ehrgeiz in mir, etwas verändern zu wollen. Um die Abfallthematik besser zu verstehen und mich dem Thema anzunähern, hatte ich ein Treffen bei der BSR und den Berliner Wasserbetrieben organisiert. Bei ersterem drehte ich einen Vlog dazu, was mit unserem Müll passiert und wie Recycling in Berlin funktioniert. Es war faszinierend, aber auch gleichzeitig erschreckend zu sehen, wo 60 Prozent des Berliner Hausmülls verbrannt werden – also 530.000 Tonnen pro Jahr, eine Masse, mit der dreimal das Berliner Olympia-Stadion gefüllt werden könnte.[8]

Zu Beginn meines Zero-Waste-Haushaltes war mir auch wichtig, wie ich im Alltag meinen ökologischen Fußabdruck minimieren kann. Ich habe viele Bereiche durchleuchtet und direkt geschaut, wen ich zu dem jeweiligen Thema konsultieren kann. Besonders das Wasser, welches bei mir früher in Plastikflaschen kam, war ein großes Thema. Ich wollte damals erfahren, wie viel Müll bei der Aufbereitung des Wassers anfällt und welche Qualität es aufweist. Deswegen drehte ich bei den Berliner Wasserbetrieben ebenfalls einen Vlog dazu. Er gibt Antworten darauf, wo unser Trinkwasser herkommt und wie der Prozess der Aufbereitung abläuft.[9]

Zero-Waste hört sich im ersten Moment kompliziert und realitätsfern an. Doch letztlich hat jede*r alltäglich mit Abfall zu tun. Ich entdeckte den Spaß daran, nachzuforschen und mich zu informieren, sodass ich mir ein eigenes Bild machen konnte.

ANKUNFT IN BRIGHTON

Direkt nach meiner Ankunft in Brighton habe ich das SILO besucht, um auch kulinarisch entdecken zu können, was es mit dem Lokal auf sich hat. Es lag in einer ruhigen Seitenstraße, abseits vom Trubel der geschäftigen Küstenstadt. Von der Straße ließ sich über ein großes Fenster direkt in die offene Küche blicken. Damals, an einem sonnigen Sommertag, zeigte sich die meist grauregnerische Stadt von ihrer schönsten Seite. Alle schienen gut gelaunt und auch das Team war super freundlich – so schmeckte das Essen gleich noch besser.

Mein zehntägiges Praktikum konnte also losgehen und ich fühlte mich wie ein trockener Schwamm, der wissensdurstig alle Informationen aufsaugt. In der kurzen Zeit wollte ich so viel wie möglich mit zurück nach Berlin nehmen. Deswegen war es für mich wichtig, alle Stationen im Restaurant zu durchlaufen, sei es in der Küche beim Einlegen, Fermentieren, Brot backen oder bei der Arbeit im abendlichen Service – ich wollte alles wissen.

Der tägliche Austausch mit den anderen Köch*innen war für mich von größter Bedeutung, um die Machbarkeit des Konzeptes zu hinterfragen. Auch die Kommunikation mit den Gästen war essenziell, um zu verstehen, wie das Konzept und die Gerichte ankommen.

Denn für mich war damals schon klar: Geschmack und Service sind Trumpf. Was bringt eine bewusste, zukunftsweisende Philosophie, wenn die Produkte und die Qualität minderwertig sind? Rückblickend bin ich mir sicher, dass ich im SILO sehr viel lernen und für meinen eigenen Weg mitnehmen konnte – wie etwa das Verständnis für Produkte, Produktion, den Umgang mit dem Gemüse und der Verwertung der Reste. Dabei lernte ich einen noch viel wichtigeren Punkt: die Wertschätzung des Essens und der dahinterstehenden Zubereitung.

DANKBARKEIT LERNEN

Diese Wertschätzung sollten Restaurants noch mehr kommunizieren. Denn wenn man ein Restaurant besucht, beschäftigt man sich eigentlich relativ wenig damit, wie die Gerichte produziert werden und wo die Produkte dazu eigentlich herkommen. Wer sie hergestellt hat und wie lange jemand dafür in der Küche steht, ist meist nicht das Hauptanliegen.

Meines Erachtens geht der Bezug zu den Arbeitsschritten verloren, die nötig sind, damit ein Gericht vor uns auf dem Teller landen kann. Dies ist einerseits so, weil wir die Prozesse der Zubereitung nicht sehen (können) und andererseits, weil sie dem Gast nicht mehr ausreichend vermittelt werden. Daher ist guter Service auch so wichtig, stellt er doch die Schnittstelle zwischen Produzent*innen, Küche und Gast dar. Ich persönlich sehe Gastronom*innen auch in der Verantwortung, dem Gast verständlich zu machen, was er/sie auf dem Teller vorfindet und welche Arbeit dahintersteckt.

Während der Arbeit im SILO konnte ich auch einen der Hauptlieferanten kennenlernen. 30 Minuten von Brighton entfernt liegt „Laines Organic Farm". Ein traumhafter Betrieb, der ausschließlich Gemüse auf ökologischem Weg anbaut. Dort wird schon seit 40 Jahren Gemüse angebaut und darauf geachtet, dass alles seinen natürlichen Weg geht. Nach einem aufschlussreichen und harten Tag auf den Feldern ist mir vieles klar geworden. Ich interessierte mich nie wirklich für die Herkunft von meinem Gemüse. Nach Gesprächen mit Toos und Rosa, den beiden Hauptakteuren der Farm, wurde mir klar, dass der Geschmack auf den Feldern entsteht. Die Arbeit, die dort geleistet wird und mit der das Gemüse angebaut wird, hat in mir etwas bewirkt und mich zum Nachdenken gebracht. Es gilt dabei nicht zu vergessen, wer all das ermöglicht.

In erster Linie sind es die Landwirt*innen, Produzent*innen und Lieferant*innen, die sich auf das Neue bzw. „Alte" wieder einlassen und somit Teil der Bewegung sind. Es sind Bäuerinnen und Bauern, die täglich auf ihren Feldern stehen und dafür sorgen, dass wir qualitativ hochwertiges und ökologisch angebautes Gemüse auf unseren Tellern vorfinden können. Ich bin der Ansicht, dass sich die Einstellung zum Gemüse grundlegend verändern muss, um es wertzuschätzen.

Mir ist es wichtig, einen Rahmen zu schaffen, der mit Offenheit und ohne belehrend zu sein, den Wert der Lebensmittel vermittelt und auch hauptsächlich über die Produkte selbst spricht. Das Gemüse braucht ein Restaurant als Sprachrohr, das seine Geschichte erzählt, damit ein Bewusstsein für die Grundidee des ökologischen Anbaus und die Arbeit, die dafür nötig ist, entsteht.

Im SILO konnte ich überall mitmachen, mithelfen und verstehen, was es heißt, ein Zero-Waste-Restaurant zu führen. Die Köch*innen, die dort gearbeitet haben, und besonders Halfdan der Sous-Chef, haben mir gezeigt, dass es machbar ist, nachhaltig und vor allem lecker zu kochen. Der Spirit in der Küche und die Freundlichkeit aller dort arbeitenden Personen waren zwei wichtige Dinge, die ich unbedingt beibehalten und mitnehmen wollte. Denn nichts ist schöner, als eine Arbeit zu haben, die man liebt und hinter der man steht. Wenn man dann noch einen Arbeitsplatz hat, der all das fördert und einem selbst Platz für Kreativität lässt, wird ein Ort geschaffen, der nur so vor positiver Energie sprüht. Die Arbeit im SILO war sehr lehrreich und eindrucksvoll, auch wenn Dinge wie das Einlegen von 15 Kilogramm Blumenkohl mal etwas zu salzig geworden sind. Die zehn Tage gingen schnell vorbei, aber selbst in der kurzen Zeit konnte ich enge Freundschaften mit den Angestellten knüpfen.

Brighton an sich, aber im Speziellen das SILO, Laines Farm oder auch „Potters Thumb" (eine Manufaktur, die unsere Kaffeetassen herstellt) haben mir viel Wissen vermittelt und mich in meinem Vorhaben bestärkt, diese besondere Restaurantidee tatsächlich zu verwirklichen.

Die Zeit in Brighton war kurz, doch sie reichte, um meinen Mut zu stärken und mir den Weg zu ebnen. Das SILO war nicht nur für mich ein Türöffner, sondern auch für andere Gastronom*innen, die sich mit dem Thema nachhaltige Gastronomie beschäftigen wollen und darauf abzielen, ein klares Zeichen für einen gesunden Planeten zu setzen. Mittlerweile ist Zero-Waste immer mehr im Mainstream angekommen und zahlreiche weitere Restaurant sind entstanden, etwa das „Nolla" in Helsinki oder das „Kitchen Dates" in Lissabon. Ich war einerseits etwas traurig, wieder nach Berlin zurückzureisen, aber auch froh, all das Wissenswerte, das ich über die Zero-Waste-Philosophie gelernt habe, jetzt in meinem Vorhaben umsetzen zu können. Vollgesogen mit all dem Wissen und den Informationen kam ich in Berlin an. Jetzt ging es darum, tolle Landwirt*innen ausfindig zu machen, denn die findet man nicht einfach im Internet. Die meisten kümmern sich wenig um ihren Online-Auftritt, sondern es geht ihnen einzig und allein um ihre Produkte auf den Feldern. Ein wichtiger Ort war für mich damals auch die Markthalle 9 in Berlin-Kreuzberg.

An Orten wie diesen haben es Landwirt*innen etwas leichter, ihre Ware direkt zu verkaufen. Ich konnte dadurch gute Kontakte zu Landwirt*innen knüpfen, diese auf ihren Bauernhöfen in Brandenburg besuchen und auch dort mithelfen, beispielsweise Kartoffeln aus dem Boden zu holen. Ich brauchte noch viel mehr Informationen über Anbau, Nährstoffe, Fruchtfolge oder was es bedeutet, Gemüse ökologisch anzubauen.

Ich hatte mich nie damit beschäftigt, dass Böden reich genug an Nährstoffen wie Stickstoff, Schwefel, Magnesium, Kalium und Phosphat sein müssen, um zum Beispiel Produkte wie Kartoffeln anbauen zu können. Je mehr Informationen ich über Gemüse, Anbau, Transport und vor allem die Verpackung bekommen habe, desto einfacher konnte ich mich mit der Philosophie des ökologischen Anbaus identifizieren. Ich hatte mir einen Lebenskosmos erschaffen, in dem ich jeden Tag dazulernte. Ich nahm mir zum Ziel, diese Philosophie bei jedem Aspekt des Restaurants zu beachten. Auch im Hinblick auf Freunde und Familie, die sich eher skeptisch gegenüber meiner Idee zeigten, strebte ich danach, aller Kritik vorzubeugen, indem ich das Konzept holistisch umsetzen wollte. Bedenken und kritischen Fragen, ob Zero-Waste in der Gastronomie tatsächlich praktikabel ist, wollte ich direkt mit meinen geplanten Lösungswegen entkräften.

Eine wichtige Person in diesem Prozess, mich weiterzuentwickeln, war meine gute Freundin Lea. Sie hat mich immer wieder daran erinnert, dass mein Vorhaben, mehr Nachhaltigkeit in die Gastronomie zu bringen (und zwar über eine leckere „Gemüseküche"), enorm wichtig und wertvoll ist. Von meiner ursprünglichen Idee, nur noch einmal die Woche Fleisch oder Fisch von lokalen Betrieben im Restaurant anzubieten, hielt sie wenig. Sie erkannte natürlich meinen Wunsch, dem Konsum von Fleisch und Fisch wieder einen besonderen Tag in der Woche zu widmen und damit die Wertschätzung tierischer Produkte zu kultivieren. Doch sie trieb mich dazu an, Vorreiter zu sein und entgegen allen Bedenken, zu nischig zu sein, zusätzlich zu den Verpackungen auch auf tierische Produkte zu verzichten.

Denn für die Produktion eines Kilogramms Fleisch wird ein Vielfaches der Ressourcen benötigt[10], die es zur Herstellung der gleichen Menge Getreide benötigt – im Sinne von Zero-Waste ist das nicht.

Brauchen wir also noch tierische Produkte, um vollen Geschmack zu kreieren?

Ich selber hatte schon verschiedene Ernährungsformen ausprobiert, um den direkten Vergleich zu haben, wie nachhaltig und gesund diese sind. Meine Ausbildung zum Fachberater für holistische Gesundheit half mir dabei, hinsichtlich der Nährstoffe eine ausgewogene Ernährung zu festigen. Ich aß mittlerweile nur noch einmal im Monat Fleisch und das auch nur zu Hause. Eier und Butter waren jedoch täglicher Bestandteil meines Frühstücks. Doch es ging immer mehr in Richtung pflanzlich und 100 Prozent ökologisch. Lea lebt seit vielen Jahren vegan, studiert „Kultur der Metropole" an der HCU Hamburg und hat sich dadurch auch mit den Vorteilen einer pflanzlichen Ernährung in Bezug auf ökologische, ethische und gesundheitliche Aspekte beschäftigt.

Ich wollte ein Restaurant für alle erschaffen, egal, ob man Fleisch, Fisch oder nur Gemüse isst. Ich strebte danach, Menschen miteinander zu verbinden, indem ich sie an einem Tisch zusammenbringe, sodass sie gemeinsam genießen und sich nach Lust und Laune austauschen können. „Everything starts with food." – dies war schon bei Johnny & the Food das Motto. Nun war ich an dem Punkt, dass mich das Thema einer komplett pflanzlich basierten Ernährung mehr beschäftigte, als ich zunächst gedacht hatte.

ENTSCHEIDUNGSSTUNDE AM SCHLACHTENSEE

An einem schönen Spätsommertag im September spazierte ich mit Lea um den Berliner Schlachtensee und wir diskutierten wieder hitzig darüber, was denn nun das nachhaltigste Konzept wäre und wie dieses den Gästen vermittelt werden könne, ohne mit erhobenem Zeigfinger zu mahnen. Auf einmal konnte ich Leas Argumente nachvollziehen und es fiel mir wie Schuppen von den Augen: Zero-Waste kann für meine Idee eines Restaurants nur ohne tierische Produkte funktionieren. Für mich war klar, dass der Konsum von tierischen Produkten in keinster Weise meiner Zero-Waste-Philosophie entsprach. Der Anbau, die Produktion, die Verpackung und Aspekte des Tierwohls machen tierische Erzeugnisse schwer vereinbar mit ganzheitlichen Ansätzen wie Zero-Waste.

Für mich stand auch fest, dass wir keine tierischen Produkte benötigen, um Geschmack zu kreieren. Diese Erkenntnis schuf eine Klarheit in mir, aus der ich die Kraft zog, auf meinem Weg voranzuschreiten und mich Schritt für Schritt meinem Ziel einer nachhaltigeren Welt zu nähern. Somit stand also das Konzept, aber es fehlte noch ein passender Name, der das widerspiegelt, was wir erreichen wollten und uns ausmacht. Lea wurde auch zur Namensgeberin für das Restaurant: FREA, das weltweit erste 100-prozentig pflanzenbasierte Zero-Waste-Restaurant. Rückblickend lässt sich sagen, dass es die beste Entscheidung war, FREA so zu konzipieren, dass Klima- und Tierschutz an erster Stelle stehen. Denn mit diesen beiden Punkten erweiterten wir unser Spektrum für Dialoge und Maßnahmen, Dinge zu verändern. Ökologie, Bewusstsein und nachhaltiger Konsum waren mir wichtig, seit ich mit meiner Cateringfirma angefangen hatte. Mit Zero-Waste und dem Verzicht auf tierische Produkte war der Kreislauf für mich geschlossen und ich konnte endlich meinem Brodeln im Bauch Platz für kreative Ausbrüche geben.

Auch bei mir zu Hause hatte sich einiges getan. Ich war schon immer der Ansicht: „If you speak it, you have to live it.", denn nur so konnte ich mich zu 100 Prozent dem Thema widmen und dabei authentisch bleiben. In meinem Kühlschrank gab es mittlerweile keine tierischen Produkte mehr. Die Eier zum Frühstück habe ich mit einem ausgewogenen Porridge, mit selbstgemachter Haselnussmilch, Haselnussmus und hausgemachter Marmelade ersetzt. Zuerst ging es mir um mehr Nachhaltigkeit und darum, dass Zero-Waste nur ohne tierische Produkte seinen Sinn erfüllt. Aber je mehr Bücher ich las und je mehr ich mich mit Leuten über Veganismus austauschte, desto mehr rückten ethische Belange in mein Blickfeld. Genau bei diesen Gesprächen ist mir auch aufgefallen, wie schnell einige in die Defensive gehen, wenn es um den Konsum von tierischen Erzeugnissen geht. Das hat mich dazu bewegt, das ganze Thema undogmatisch anzugehen. Wir müssen es hinbekommen, dass unsere Gäste nicht abgeschreckt werden, sich dem Thema zu öffnen. Die Qualität muss so überzeugen, dass es nicht ins Gewicht fällt, dass wir rein pflanzlich arbeiten. Es war dabei auch klar, keine Ersatzprodukte oder nichts, was an Tiere erinnert, zu nutzen. Eine hochqualitative Gemüseküche, die das nutzt, was um uns herum wächst. So sollte die Küche bei FREA sein – das stand fest.

BRIGHTON YET AGAIN

Nun stand das Konzept und – noch viel wichtiger – die Einstellung, andere zu überzeugen und mitzureißen. Mein nächstes Ziel war es, in Brighton ein Video für eine Crowdfunding-Plattform zu drehen und auf diesem Wege das ganze Projekt auch finanziell ins Rollen zu bringen. Während des Praktikums in Brighton arbeitete mich Halfdan ein und dabei hatte ich den Wunsch verspürt, ihn zu fragen, ob er nicht Lust hätte, nach Berlin zu kommen, um mir bei meinem Projekt zu helfen. Er hatte mir ganz offen erzählt, dass er bereit für ein neues Kapitel in seinem Leben war. Es war FREAs erster Lackmustest: Konnte das Konzept andere Menschen überzeugen, Mitwirkende zu werden? Zum Ende des Aufenthalts sollte es darauf eine Antwort geben.

In Brighton angekommen, war das Crowdfunding-Video nach drei Drehtagen im Kasten und konnte wiedergeben, was mich so an Brighton begeistert hatte: das leckere Essen im SILO und die Kompostiermaschine, Laines Organic Farm und das bunte Biogemüse.[11] Aber auch das Meer und die stetige Erinnerung daran, was auf dem Spiel steht, wenn wir es nicht schaffen, die Vermüllung der Erde zu stoppen.

Kurz vor der Rückreise nach Berlin fragte ich Halfdan dann, ob er bei FREA als Koch mitwirken möchte. Es kam mir fast so vor, als würde ich um seine Hand anhalten. Der Vergleich ist zwar sehr romantisch, aber auch passend, denn ich fragte ihn sozusagen nach seiner Liebe zum Essen, und ob diese so stark ist, dass er alles stehen und liegen lassen würde, um ein neues Gastroprojekt zu wagen. Halfdan würde die Küche übernehmen, gemeinsam mit mir Gerichte entwickeln und einfach Leckeres kochen. Halfdans große Kunst ist es, der Gemüseküche einen neuen interessanten und schmackhaften Twist zu geben. Zurück in Berlin, es war mittlerweile Oktober 2017, schrieb Halfdan mir dann eine E-Mail, in der er mir zusagte, ab Januar 2018 für das Projekt nach Berlin zu ziehen. Meine Freude und Erleichterung darüber, einen so talentierten Koch zur Unterstützung im FREA zu gewinnen, war grenzenlos.

Jemanden davon zu überzeugen, das eigene Leben „aufzugeben", um ein neues Projekt zu starten, ist ein unbeschreibliches Gefühl. Es ist etwas ganz Besonderes, wenn man beginnt, mit Menschen zu arbeiten, die einem anfangs noch unbekannt waren.

Gleichzeitig entwickelte sich durch die gemeinsame Faszination für Essen eine intensive Freundschaft. Mittlerweile hatte ich die Caterings von Johnny & the Food komplett zu FREA-Caterings umgewandelt, also auf Zero-Waste und pflanzenbasiert umgemünzt. Auch dies war ein wichtiger Schritt, um zu zeigen, dass ein großer Umbruch geschehen war. Sicherlich hatte ich auch ein wenig Bedenken, bis dato treue Kund*innen könnten diese Transformation nicht mit offenen Armen begrüßen und sogar abspringen. Doch im Gegenteil: Es wurden immer mehr. Denn Bewusstsein für den eigenen Körper, Gesundheit und Nachhaltigkeit – besonders in der Ernährung – wurden zu immer wichtigeren Themen.

LIEBE FINDET IMMER IHREN WEG

Das Crowdfunding-Video stand im November 2017 kurz vor dem Abschluss. Wer mich von dieser Zeit an immer unterstützt hat, war Jasmin, meine sehr gute Freundin und nun Ehefrau und Mutter unserer gemeinsamen Tochter Lea. Jasmin und ich kannten uns noch aus wilderen Zeiten als Heranwachsende. Auch sie lebte mittlerweile bewusster, nachhaltiger und vegan. Genau dies hat uns auch als Paar zusammengebracht. Mit Jasmins unternehmerischem Wissen, das sie von klein an und später dann auch beruflich erlernte, konnte sie FREA maßgeblich bei der Gründung und Entwicklung voranbringen. Durch Jasmin konnten wir die Säulen von FREA festigen und die Firma weiter ausbauen.

So saßen Jasmin und ich nächtelang wach, überlegten uns, wie wir FREA gestalten würden und schrieben an dem Businessplan. Jasmin wusste zwar zu diesem Zeitpunkt noch nichts davon, doch für mich war klar, dass sie meine Geschäftspartnerin werden würde. Als der Businessplan stand und Jasmin immer mehr Zeit und Liebe in das Projekt investierte, merkte ich, dass auch sie nun diese Rolle einnehmen wollte. Das einzige Problem bestand darin, dass Jasmin weiterhin angestellt war – als Unternehmensberaterin pendelte sie zwischen Berlin und Frankfurt, einer Branche, die unnachhaltiger wohl nicht sein könnte. Management-Beratung für die großen Banken in Frankfurt am Main. Lange war ihr das nicht bewusst, denn in ihrem Job ging es nie um Nachhaltigkeit, sondern um schnelles Handeln und das Leben im Hier und Jetzt. Großgeworden ist sie ganz anders. Geboren in Berlin und aufgewachsen am Stadtrand von Berlin, mit viel Grün, Wäldern und eigenem Obst- und Gemüsegarten. Ihre Eltern entschieden sich damals, aus der Berliner Innenstadt zu ziehen, wie wohl so manch andere frisch gebackenen Eltern, die den Drang nach mehr Grün verspüren. Gleichzeitig kommt Jasmin aus einer Unternehmerfamilie und hat schon als kleines Mädchen ihr Geld gezählt und Buchhaltung mit kleinen Zetteln geführt. Würde sie ihr strukturiertes und finanziell sicheres Leben für eine Restaurantidee aufgeben, die noch in den Kinderschuhen steckte? Jasmin erkannte, dass es für sie genau darum ging, sich von dieser materiellen Sicherheit abzukapseln, ein Risiko einzugehen, etwas Neues zu beginnen, und dabei vor allem nicht den Fokus zu verlieren. Ihr eröffneten sich neue Wege, ihre Liebe für die Natur, Nachhaltigkeit und Unternehmertum miteinander zu verknüpfen und ihr Wissen in eine neuartige Idee einzubringen.

Sie wurde also Teil des Teams, ja die treibende Kraft bei der Umsetzung der Unternehmensgründung und beim jetzigen Erfolg. Mit ihrer Mitarbeit war das Team nun komplett, und alle konnten sich ihrer Expertise widmen.

SELBSTERMÄCHTIGUNG DURCH ENTREPRENEURSHIP

Sicherheit im Job gibt Menschen eine innere Ruhe. In meinem Fall war es die innere Unruhe, die mich angetrieben hat. Ich wollte immer etwas schaffen und mich niemals fragen: Warum hab' ich es damals nicht gemacht? Ein wichtiger Begleiter waren zu dieser Zeit Kafkas Gedichte und Zitate wie „Von einem gewissen Punkt gibt es keine Rückkehr mehr. Dieser Punkt ist zu erreichen." und „Es gibt nur ein Ziel, keinen Weg. Was wir Weg nennen, ist Zögern.". Der Punkt, nicht mehr zurückzukönnen, hat in mir das ausgelöst, was ich heute immer noch spüre. Den puren Willen, etwas zu verändern und das mit jedem Tag, den ich auf diesem Planeten bin. Selbstständigkeit ist immer ein unbekannter Weg. In meinem Fall wurden mir einige Steine in den Weg gelegt, aber oft habe ich es mir auch selbst schwer gemacht. Ich stand mir oft im Weg, habe alles x-mal überdacht und oft die Lust verloren, es überhaupt noch auszuprobieren. Ich bin derjenige, der entscheidet, ob ich es möchte oder nicht. Viele haben mir gesagt: „Mach es nicht! Lass es doch, du verschwendest nur deine Zeit!". Am Ende des Tages, so ist meine Empfindung, liegt es an einem selbst, seine Wünsche umzusetzen.

Als das Crowdfunding online ging, waren alle sehr gespannt, wie es bei den Leuten ankommen würde. Wir, also das Team von FREA, dachten selbstverständlich, dass das gesamte Restaurant mit dem Erlös des Crowdfundings finanzierbar wäre, denn alle waren hundertprozentig von dem Projekt überzeugt. Nach einigen Tagen merkten wir, dass man wohl einige Menschen mit dem Konzept auf der Crowdfunding-Plattform erreicht, dies jedoch nicht ausreichen würde, um FREA vollends zu finanzieren. Am Ende des Crowdfundings konnten ein bisschen mehr als 5.000 Euro eingenommen werden, wofür wir unendlich dankbar sind. Ist dies doch eine riesige Summe für ein so neuartiges Projekt. Das Geld konnte die Anfangs- und Gründungskosten decken, doch es benötigte noch mehr Startkapital, um das Restaurant so zu gestalten, dass es zum Treffpunkt für nachhaltige und leckere Küche werden konnte. Durch große Caterings mit bis zu 1.000 Personen und nach zahlreichen Pitches der Idee und der übergeordneten Philosophie konnten wir letztlich zwei Investoren aus unserem Bekanntenkreis davon überzeugen, in FREA zu investieren.

In der Zeit von der Crowdfunding-Kampagne bis hin zur Eröffnung des Restaurants haben Jasmin, Halfdan und ich zu dritt in meiner Wohnung in Berlin-Friedrichshain gewohnt und weiter am Konzept und vielen tollen Rezepten gearbeitet. Vieles davon wird immer noch bei FREA gekocht. Besonders stolz sind wir auf unser hausgemachtes Sauerteigbrot, unseren hauseigenen Kombucha und unser Haselnussmus.

Der Plan sah es vor, schon im Frühjahr 2018 zu eröffnen, letztlich ist es genau ein Jahr später geworden, da wir anfangs nicht die passende Location finden konnten. Von Februar bis Mai 2018 haben Jasmin und ich 40 Locations in ganz Berlin besichtigt und durch Zufall sind wir dann zur jetzigen Location in der Kleinen Hamburger Straße, Ecke Torstraße gekommen. Ein Eckladen mit großen Fenstern im Zentrum von Berlin mit einer großen Terrasse vor der Tür war genau das, was wir uns immer für FREA gewünscht hatten. Wir drei waren hin und weg, als wir den Zuschlag für das Gewerbe bekamen.

GLAUB AN DICH

Selbst in Momenten, wo wir dachten, es ginge nicht weiter, haben wir nie ans Aufgeben gedacht. Denn genau diese Wahrnehmung des Ganzen und die Außenansicht von dem Projekt hat uns dazu angeregt, mehr zu arbeiten, um FREA wachsen und realer werden zu lassen. Denn glaubt uns, wer würde jemandem Geld geben, der ein Restaurant eröffnen möchte, das keinen Müll produziert und noch dazu auf tierische Produkte verzichtet?! Wir haben von vielen Leuten gehört, dass die Idee viel zu extrem und radikal wäre und wir nur eine kleine Zielgruppe erreichen könnten.

Wir waren jedoch der Überzeugung, dass Essen jeden etwas angeht, besonders, wenn es qualitativ hochwertig und vor allem so köstlich ist.

Denn, dass unser Essen schmeckt und ankommt, wussten wir von unseren Caterings. Dabei wäre es viel exkludierender, wenn wir mit tierischen Produkten arbeiteten.

Uns ging es, wie vorher schon erwähnt, darum, ein Projekt zu erschaffen, das viel mehr Menschen erreichen kann.

EIN GANZHEITLICHES PROJEKT IST IMMER DAS ZIEL GEWESEN. FREA INSPIRIERT, OHNE MIT DEM ERHOBENEN ZEIGEFINGER ZU MAHNEN UND GIBT ANREIZE, ETWAS ZU ÄNDERN, OHNE UNTER DRUCK ZU SETZEN.

DER ANFANG IST DA

Im Juli unterschrieben wir den Mietvertrag und am 1. August 2018 konnte der Umbau beginnen, der mit unzähligen Schwierigkeiten verbunden war. Das gesamte Team konnte trotz all dieser Herausforderungen ein positives Mindset beibehalten. Schließlich war es am 4. März 2019 so weit: Das FREA konnte endlich eröffnet werden!

Bei dieser Gelegenheit wollen wir uns bei unseren Investor*innen bedanken, die an uns geglaubt und uns von Anfang an unterstützt haben. Ein großer Dank geht auch an all unsere Gäste, die von Anfang an und täglich zu FREA gekommen sind, gespeist und Feedback gegeben haben. Auf diese Weise konnten wir als Team und Restaurant wachsen.

Wir wollen Vorreiter sein und sinnstiftende Arbeitsplätze schaffen, die den Angestellten Raum für Fragen und eigene Ideen lassen.

Restaurants verbinden und erschaffen Neues. Wir sind Türöffner und Wegbegleiter unserer treuen Gäste. Wir wollen eine Symbiose erschaffen, in der der Gast zufrieden nach Hause geht und die Köch*innen und das Servicepersonal glücklich über einen gelungenen Abend sein können. Nur so können wir langfristig und nachhaltig auch im Job einen guten und wichtigen Beitrag leisten, um schließlich in unserer Gesellschaft etwas Großes zu verändern.

Wir schätzen uns glücklich, mittlerweile ein über 20-köpfiges Team zu haben, das sich jeden Tag zur Aufgabe macht, freundlich, höflich und vor allem professionell zu sein. Ein Riesendank gilt auch den Köch*innen und dem jetzigen Küchenchef Franco Yahir, der nun die kulinarische Reise weiterführt. Durch unseren klaren Weg und die konsequente Philosophie konnten wir gemeinsam einen neuen gastronomischen Weg aufzeigen, auf dem wir nun weiter voranschreiten. Gleichzeitig eröffnen wir damit Möglichkeiten für andere Gastronom*innen.

Wir als Gastronom*innen haben eine große Verantwortung gegenüber unseren tollen Gästen, aber genauso auch gegenüber unserer Umwelt und der Zukunft unserer Kinder. Wir können uns nicht einfach an jedem und an allem zu jeder Zeit bedienen und dabei denken, es sei für immer. Wir haben die Möglichkeit, mit unserem Essen und unserem Service zu beweisen, wie viel Spaß und Sinn es ergibt, mehr in unsere Zukunft zu investieren.

stronomie-Zeitung
Erstes A-Ja in den
EAT
RESTAURANTS UNSERER ZEIT
ESSEN GEHEN RICHTIG SPASS
E RESTAURANTS
rolling pin.
DER WAHN SINNIGSTE BÄCKER DEUTSCHLANDS
PHÖNIX AUS DER ASCHE
FOODS FROM HEAVEN
DER WÜRSTEL MILLIONÄR
Frau
BERLIN to go
BUSINESS NEWS ZUM MITNEHMEN
EXBERLINER
"Mainstream is not comfortable"
Peaches is back on the Berlin stage
MORGENSTIMMU
Wie malen wir uns die Zukunft aus?
TREND and ST
Trend Little Stories
BERLIN
the PLANTBASED GUIDE
greenup
Nachhaltiger leben!
Stromfresser Internet
Urbane Lebensqualität
ZEIT FÜR GUTES BROT
Berlin
AM WOCHENEND
Beten und leuchten: Eine Messdienerin erzählt
Null Müll
bfall-Wirtschaft
ZERO WASTE
24 STUNDEN GASTLICHKEIT
料理通
みんなの ヴィーガン
ysel
myself bewusster leben
VOGUE
BAZAAR
Trennt Magazin
foodunfolded

„최근 가장 주목받는 곳은 프레아 (FREA) 다. 중심가인 미테에 자리 잡은 프레아는 '제로 웨이스트'가 컨셉트이고 그러다보니 자연스럽게 비건 레스토랑이 됐다. 프레아는 식재료를 운반하는 과정부터 레서피, 인테리어에 이르기까지 쓰레기를 만들지 않는 음식과 공간을 체험케 한다. 해당 계절에 맞는 지역 식재료를 사용하고 사워도우 브래드와 파스타, 헤이즐넛 버터와 밀크, 피클과 콤부차 등을 직접 만든다. 내 몸은 물론 지구까지 건강해지는 한 끼에 뿌듯해진다"

www.elle.co.kr

„Eigentlich ein ganz normales Pastagericht mit regionalen Dreh. Aber was im Frea serviert wird, ist nicht normal. Noch nicht."

www.tagesspiegel.de

„The organic produce deliveries arrive at Frea without any packaging, and are scheduled daily to avoid any food spoiling because it doesn't get used in time. Leftover herbs are used to create flavoured oil to sell and for use in the kitchen."

www.forbes.com

„Le premier restaurant vegan et zéro déchet d'Allemagne et même du monde! Frea est situé dans le quartier de Prenzlauer Berg et mise sur le 100% vegan. Dans ce restaurant, absolument tout est réutilisable, même les déchets sont recyclés et compostés à 100%."

www.lecho.be

„RESTAURANT OHNE MÜLL IN BERLIN:
Die Zukunft schmeckt nach Zero Waste"

www.faz.net

GANZ ALLTÄGLICH

Betritt man FREA, sieht es zunächst wie ein gewöhnliches Restaurant aus: große, schöne Holztische, gedämpftes Licht, eine offene, geräumige Küche und ein Servicepersonal, das dich herzlich begrüßt.

Was auf den ersten Blick nicht auffällt, ist, dass wir beim Umbau und bei der Einrichtung genauso auf Nachhaltigkeit geachtet haben und so neue Maßstäbe setzen wollten. Mit FREA ist ein Konzept entstanden, das nicht beim Essen aufhört. Auch in der Materialität des Gastraumes sollte sich diese neue Denkweise widerspiegeln. Wichtig war uns deshalb, einen Raum zu gestalten, der einladend wirkt und zum Verweilen anregt.

Eine wichtige Rolle spielen dabei auch die Pflanzen, die mehr als nur Dekoration sind. Zum einen halten sie die Luft rein und zum anderen wirkt sich das Grün beruhigend auf uns aus.

OB TISCHE, STÜHLE ODER REGALE: WIR HABEN VERSUCHT, VIELES GEBRAUCHT ZU KAUFEN. ABER AUCH DAS REGIONALE HANDWERK WOLLEN WIR BEI FREA FÖRDERN, BIETET ES DOCH DIE HÖCHSTE QUALITÄT UND LANGLEBIGKEIT.

EIN TISCH ERZÄHLT TAUSEND GESCHICHTEN

Industriell hergestellte Tische aus Holz zu nutzen, wäre uns bei FREA zu konventionell gewesen. Deswegen wurde das verwendete Holz aus alten Eichenbalken zugeschnitten, aus denen dann die Platten zusammengesetzt wurden. Wir wollen damit ausdrücken, wie wichtig uns Upcycling und das traditionelle Handwerk sind. Ein guter Tisch sollte unserer Meinung nach über Jahrhunderte hinweg im Familienbesitz bleiben. Dementsprechend muss er qualitativ hochwertig sein. Mittlerweile wird auch in der Möbelindustrie viel mehr auf das Thema Nachhaltigkeit eingegangen. So gibt es heute Designer, die Stühle, Tische oder andere tolle Möbel aus altem Plastik herstellen.[12] Anhand unserer Nachfrage als Konsument*innen können wir in diesen Bereichen ein Umdenken unterstützen: Qualität vor Quantität, Langlebigkeit statt „Geplante Obsoleszenz" (*Marketingstrategie, das geplante Altern, Verschleißen eines Produktes, auch „Produktvergreisung") sowie faire Arbeitsbedingungen vor Profitmaximierung.

„FÜR EIN GUTES TISCHGESPRÄCH KOMMT ES NICHT SO SEHR DARAUF AN, WAS SICH AUF DEM TISCH, SONDERN WAS SICH AUF DEN STÜHLEN BEFINDET.“

– WALTHER MATTHAU

EAT GOOD, FEEL GOOD.

AUS ALTEM ETWAS NEUES SCHAFFEN

Wer schon mal im FREA war, weiß vielleicht von dem „Gemälde" an der Wand, das grün-weiß meliertem Marmor ähnelt. Der Umbau stellte uns vor die Herausforderung, nur schwer auf Verpackungsmaterialien verzichten zu können, sodass viel (Plastik-)Abfall anfiel. Es ging uns auch in dieser Phase darum, diese Sachlage transparent zu kommunizieren. Wir von FREA wollen aufrichtig sein und infolgedessen über solche Herausforderungen sprechen: Dies ermutigt andere, nicht aufzugeben, wenn sie merken, dass die Maxime „Zero-Waste" nicht vollständig in jedem Lebensbereich umzusetzen ist. Vielmehr soll ein Dialog darüber entstehen, welche Handlungsoptionen es gibt und wo sich ohne Druck neue Gewohnheiten etablieren können, um nachhaltiger zu konsumieren.

Wir haben einen Ansatz gefunden, indem wir 80 Prozent des Plastikmülls, der während der Renovierungsarbeiten anfiel, einsammelten und einschmelzen konnten, sodass das Gemälde entstand. Insgesamt waren das 15 Kilogramm Plastik. Das Bild animiert dazu, über Plastikvermeidung zu reden und gibt Denkanstöße, um neue, praktische Lösungen zu finden.

IDEEN ENTSTEHEN ÜBERALL

Die Begegnungen und Gespräche mit den Leuten aus Brighton hinterließen einen starken Eindruck. Besonders faszinierte uns die Firma „Ty Syml" von Adam Davies. Er stellt unter anderem diese schönen und zeitlosen Lampenschirme aus Myzell her, also aus Pilzen, die bei FREA entlang der Bar hängen. Neben unserem Bestreben, so viel es geht gebraucht zu kaufen, zu recyceln und zu überlegen, wie unser Müll wiederverwendet werden könnte, wollen wir auch Raum für nachhaltige Innovationen bieten. Adam lässt so die Idee von Nachhaltigkeit nicht nur im Kopf der Menschen wachsen, sondern auch in seinen Möbeln und Einrichtungsgegenständen. Materialien oder Produkte zu finden, die Nachhaltigkeit ausstrahlen, ohne direkt zu sagen: „Ich bin ein nachhaltiges Produkt", war uns besonders wichtig. Wir wollen Nachhaltigkeit zur Gewohnheit machen und so zeigen, wie sie unseren Alltag bereichert.

Oklin
Quick Guide
Oklin International Ltd
COMPOSTER
Control Panel and Lights
Important Information

DER STAR VON FREA

Abschließend dürfen wir unseren eigentlichen Star nicht vergessen: die, die so viel arbeitet, fast nie schläft und vor allem immer hungrig ist. Ohne sie wären wir nicht FREA, denn sie zeigt dir, dass wir es grundlegend anders machen.

Gemeint ist unsere Kompostiermaschine „Gersi". Denn wir wollen im Restaurant alles verwerten. Für die biologischen Abfälle ist Gersi somit die Richtige. Maschinen sind heutzutage gar nicht mehr aus unserem Leben wegzudenken, denn sie vereinfachen und erleichtern es. Maschinen sind auch bei FREA ein wichtiges Werkzeug: nicht nur um leckere Gerichte zuzubereiten, sondern auch, um sich mit der Abfallthematik zu beschäftigen. Wir wollten eine zukunftsträchtige Technologie beim Kompostieren verwenden. Mit Gersi haben wir die perfekte Lösung gefunden. 24 Stunden am Tag arbeitet sie still und leise vor sich hin und wandelt so unsere Schalen und Küchenreste in einen wunderbaren Bodenersatzstoff um, den wir dann an unsere Lieferant*innen und Produzent*innen zurückgeben.

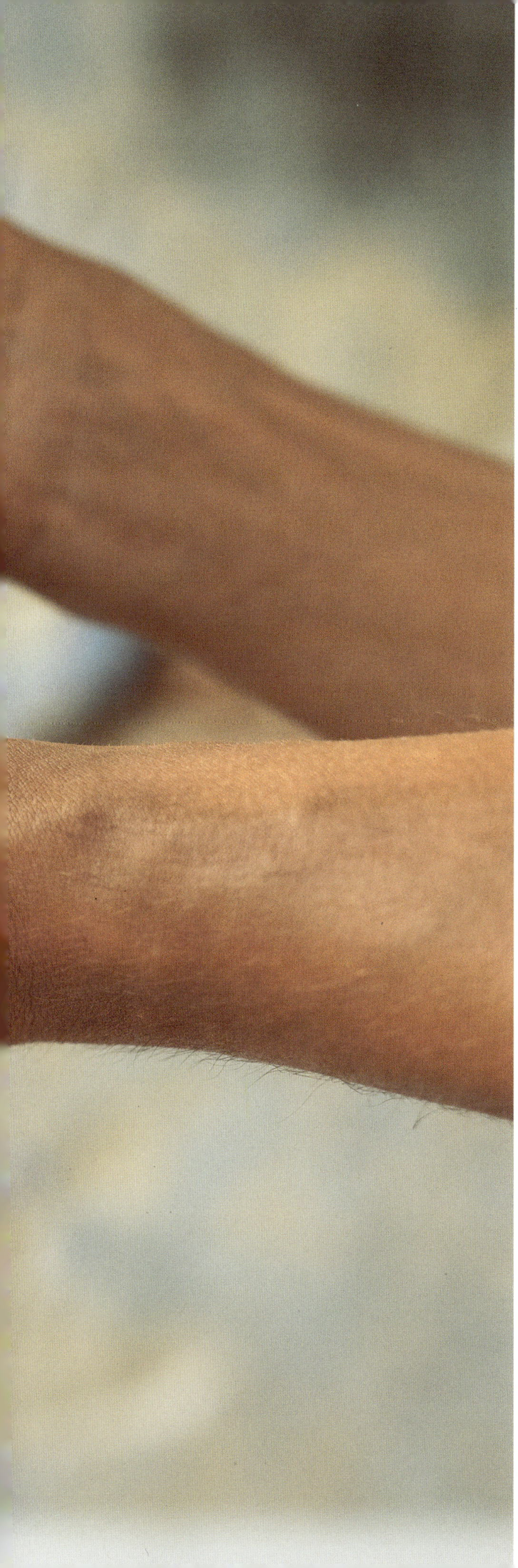

FULL TASTE.

Geschmack ist alles. Denn ein gutes Produkt kann Leute überzeugen, etwas zu verändern.

GESCHMACK ENTSTEHT AUF DEN FELDERN

Wenn wir über „FULL TASTE" bzw. vollen Geschmack reden, dann beziehen wir uns direkt auf den Anbau. Denn voller Geschmack beginnt, wie schon angesprochen, auf dem Feld.

Deswegen sind die Fragen, wo unsere Lebensmittel herkommen, wie sie angebaut werden und auf welche Art sie zubereitet werden können, auch so wichtig. Infolgedessen verwenden wir ausschließlich ökologisch angebaute Produkte, da wir so den regionalen und vor allem saisonalen Anbau fördern und unterstützen können. Damit einher geht auch ein neu erwecktes Interesse dafür, was saisonal überhaupt verfügbar ist.

Voller Geschmack basiert auch auf dem Wissen darüber, was zum jeweiligen Zeitpunkt erntereif ist – und das sind eben nicht immer alle Produkte, die wir ganzjährig konsumieren können, seien es Blattsalat, Zucchini oder Kürbis. Auch deshalb stellen unter anderem das Einmachen und das Fermentieren essenzielle Methoden dar, um auch den Winter hindurch vielseitig, regional und saisonal genießen zu können. Bei FREA kochen wir eine klare Linie. Wir wollen die deutsche Küche in ihrer vollen Schönheit neu interpretieren und zeigen, dass das, was vor unserer Haustür wächst, kreativ zu etwas Geschmackvollem zubereitet werden kann.

EAT YOUR VEGGIES!

QUALITÄT BRAUCHT IHRE ZEIT

Wir haben das Glück, mit tollen Produzent*innen und Landwirt*innen zusammenarbeiten zu können. Denn ohne das Schaffen dieser Menschen könnten wir nicht die hiesige Vielfalt an Produkten genießen. Wie oft denkt man heutzutage eigentlich noch daran, woher unsere Lebensmittel kommen – gerade bei denen, die wir alltäglich konsumieren? In der Gründungsphase sind wir lange durch Deutschland getourt und haben zahlreiche tolle Bauernhöfe und Landwirt*innen getroffen. Wir haben uns mit ihnen sehr viel über die Situation in Deutschland ausgetauscht – etwa darüber, dass die große Industrie viel hilft, aber auch viel zerstören kann. FREA vermittelt über den vollen Geschmack, welche Vorteile die ökologische Landwirtschaft bietet. Gleichzeitig möchten wir eine größere Achtung für die Arbeit der Menschen kultivieren, die sich bei Wind und Wetter der Pflege der Pflanzen widmen und so maßgeblich an ihrem endgültigen Geschmack beteiligt sind.

Deswegen wollen wir dir zwei dieser Produzenten auf den folgenden Seiten vorstellen und ihre Geschichte erzählen.

PETERS WELT

Wenn Peter von den Stationen seines Lebens berichtet, fällt auf, mit welcher Liebe und Hingabe er diese beschreibt. Dabei stechen zwei Aspekte extrem hervor: Seine Begeisterung für knackiges Gemüse, Obst und Kräuter springt förmlich auf den Zuhörenden über. Man erfährt, dass es diese Leidenschaft für alles Pflanzliche ist, die ihm den Élan Vital (frz. Lebensschwung) gibt und sie ist es auch, die sich als Ariadnefaden durch Peters Biografie zieht.

In den 1980ern begann Peter, einem Freund mit Gemüselieferungen zu helfen. Einen Teil der Woche verbrachte Peter so zu Hause in Rothenburg, die restlichen Tage belieferte er bis zu 30 Kund*innen mit Produkten seines Arbeitgebers und vom Großmarkt in Hamburg. Durch diese Arbeit wurde er sich der Vielfalt der Erzeugnisse bewusst und lernte allmählich, was die unterschiedlichen Produkte in Geschmack, Form und Farbe charakterisiert. Anfangs war dies gar nicht so leicht, erhielt er doch nur einen Zettel mit dem Namen der ihm damals noch unbekannten Produkte.

Wenn er dann zwei verschiedene Antworten auf die Frage bekam, was denn nun Liebstöckel sei, konnte es – ganz ohne Googles Hilfe – ziemlich kniffelig werden. Im Jahr 2000 begann Peter durch den Anbau auf dem eigenen Hof sein in den letzten Jahrzehnten angesammeltes Wissen in einem eigenen Betrieb anzuwenden. Gleichzeitig konnte er weiterhin Kund*innen in der Hauptstadt und dem Berliner Umland beliefern.

Dies ist auch der zweite Punkt, der auffällt: Peter zieht die Freude an seiner Arbeit als Schnittstellenakteur zwischen Feld, Küche und Teller aus dem Zusammenspiel mit verschiedenen Küchenchef*innen.

Peter sprüht nur so vor Leidenschaft und Freude, wenn er davon erzählt, wie er ein bestimmtes Gemüse speziell für eine Rezeptidee eines Koches/einer Köchin anpflanzt, weil er selbst so gespannt darauf ist, was geschmacklich entstehen kann. Das bedeutet auch, dass er verschiedene Versionen seiner Produkte anbaut, die der Nachfrage seiner Abnehmer*innen entsprechen: Die einen benötigen nur Deko, andere eine ganz bestimmte Größe von Karotten und wieder andere warten auf meterhohen Holunder.

WAS BRAUCHEN WIR WIRKLICH?

Peter beschreibt, dass es einerseits „gut" für die Ernährung sei, wenn Produkte ganzjährig in Discountern angeboten werden, andererseits sei es für das Produkt selbst und die Böden nicht förderlich. Wir seien so konditioniert, sagt Peter, dass wir bestimmte Produkte, wie Rucola oder Brokkoli, das ganze Jahr über in den Märkten vorfinden möchten. Peter bestätigt, dass ein Lebensmittelkonsum angepasst an saisonale Verfügbarkeiten am sinnvollsten sei, dies jedoch auch mit dem Verzicht auf bestimmte Produkte einhergehe und somit für viele nicht leicht sei.

Humorvoll beschreibt Peter, wie er mit dem saisonalen Verzicht umgeht. Über den Winter hinweg, so erläutert er, könne er keinen Salat mehr essen, und er wolle ihn auch bis zum Frühling gar nicht mehr sehen. Doch ab März könne er es kaum mehr erwarten, den neugewachsenen Salat zu kosten. Dem Verzicht folge nicht nur die Wertschätzung des Produktes, sondern auch der Genuss würde intensiver erlebt.

„BODEN IST MEIN GOLD.

– PETER JANOTH

ZUSAMMEN ETWAS VERÄNDERN

Mit Peter haben wir jemanden an unserer Seite, der mit voller Hingabe und Liebe sein Gemüse anbaut und erntet. Nur mit solchen Menschen ist es möglich, nachhaltig und ganzheitlich in der Gastronomie zu arbeiten. Die Qualität, die vom Feld kommt, schmeckt man am Ende auf den Tellern.

Die Geschichte von Peter zeigt, dass wir noch weitergehen können, um noch mehr Bewusstsein in die Küchen zu bringen. Wir als Gastronomen müssen uns entscheiden, was wir unseren Gästen auf die Teller zaubern wollen. Denn dafür kommen sie zu uns: um den Zauber der Felder zu erleben und zu schmecken.

DANKE PETER, DASS DU SO OFFEN DARÜBER GESPROCHEN HAST UND DAS TEILST, WAS DIR WICHTIG IST. WIR FREUEN UNS SEHR, MIT DIR, DEINEN TOLLEN KRÄUTERN UND DEINEM GEMÜSE ARBEITEN ZU DÜRFEN.

DAS BESTE AUS DEM MACHEN, WAS UNS DIE NATUR SCHENKT.

DEN GESCHMACK REGELRECHT HERAUSPRESSEN

Das gilt bei unserer hausgemachten Haselnussmilch. Auf die Nuss gekommen sind wir schon in Cateringzeiten, indem wir beispielsweise Cookies, Haselnussmus und eben die beliebte Haselnussmilch produziert haben. Wir wollten immer eine Milch herstellen, die aus regionalen Erzeugnissen stammt und nicht so leicht im Handel erhältlich ist. Auf der Suche nach den Haselnüssen sind wir nach Bayern gereist. Wir haben uns damals zwei Höfe angeschaut, die ausschließlich Haselnüsse anbauen. Nur einer davon baut ökologisch und biologisch an. Biologisch angebaute Haselnüsse aus Deutschland findet man nur noch selten, da sie für die meisten Großhändler einfach zu teuer sind. Denn die Bionüsse aus Italien oder der Türkei können den Biopreis in Deutschland stark unterbieten. Uns ging es darum, die besten Produkte zu bekommen mit dem kürzesten Transportweg. Mit der Herstellung unserer Haselnussmilch aus regionalen Erzeugnissen haben wir direkten Einfluss auf die Minimierung von Energiekosten, Transportwegen und Verpackungen (Rezept siehe Seite 169).

FREA

FREA

FREA

Pickled Beetroot 15/7

EINGELEGTE GELBE BETEN

ZUTATEN

250 ml Apfelessig
250 ml Wasser
500 g gelbe Beten
1 TL Pfefferkörner
1 EL Salz
½ EL Zucker
10 Kaffeebohnen
2 Stück Sternanis

ZUBEREITUNG

Die Beten schälen und in gleichgroße Stücke schneiden. Die Gewürze in einem großen Topf anrösten und mit dem Wasser und dem Apfelessig ablöschen. Die Beten hinzugeben und für acht bis zehn Minuten kochen. Deckel auf den Topf und abkühlen lassen. In ein Bügelglas umfüllen und den restlichen Apfelessig hinzugeben. Wichtig: Das ganze Gemüse muss mit der Flüssigkeit bedeckt sein. Die Beten können dann im Kühlschrank gelagert werden und sind nach drei bis vier Tagen fertig für den Verzehr.

Wichtig: Kerne, Schalen, Abriebe oder restliche Gewürze kannst du aufheben und für die Herstellung der „FREA-Essenz" benutzen (siehe Seite 169).

EINGELEGTER BLUMENKOHL

ZUBEREITUNG

Den unteren harten Strunk vom Blumenkohl und die Stiele entfernen. Von den Stielen werden lediglich die zarten Blätter entfernt. Den Blumenkohl in mundgroße Stücke zerteilen. Alle anderen Zutaten in einem Topf aufkochen und den Blumenkohl hinzugeben. Kurz abkühlen lassen und direkt ins Bügelglas füllen und verschließen. Wichtig: Das ganze Gemüse muss mit der Flüssigkeit bedeckt sein. Der Blumenkohl kann im Kühlschrank gelagert werden und ist nach drei bis vier Tagen fertig für den Verzehr.

Wichtig: Kerne, Schalen, Abriebe oder restliche Gewürze kannst du aufheben und für die Herstellung der „FREA-Essenz" benutzen (siehe Seite 169).

ZUTATEN

500 ml Apfelessig
500 ml Wasser
1 ganzer Blumenkohl mit Stielen
2 EL Salz
1 EL Zucker
4 Lorbeerblätter

Pickled Coliflor 15/7

KRAUT

ZUTATEN

1 Weißkohlkopf
2 große Karotten
1 Knoblauchzehe
40 g Salz

ZUBEREITUNG

Vom Kohl ein bis zwei Blätter entfernen und beiseitelegen. Den Kohl in vier gleich große Stücke schneiden und in feine dünne Streifen hobeln. Die Karotten und den Knoblauch in feine Scheiben hobeln. Alles abwiegen und dann auf das Gewicht des Gemüses 2,5 Prozent Salz geben (beispielsweise 1.000 g Gemüse = 25 g Salz). Alles gut miteinander vermengen und den Kohl fünf Minuten lang kräftig kneten. Nun müsste der Gemüsesaft austreten und damit beginnt schon die Fermentation. Den Kohl 15 Minuten abgedeckt ruhen lassen. Danach weiter kneten, bis noch mehr Gemüsesaft aus dem Kohl läuft. Das Kraut nun kräftig in das Bügelglas hineinschichten, bis es voll ist. Zwischen Kohl und Deckel sollten maximal zwei Fingerbreit Platz bleiben. Den restlichen Gemüsesaft in das Bügelglas füllen, sodass das Kraut komplett damit bedeckt ist. Nun kommen die beiseitegelegten Blätter oben drauf. Deckel zu und das Glas auf einen Teller stellen (Glas muss luftdicht mit einem Gummiring verschlossen sein). Lass das Kraut bei Raumtemperatur fünf bis sieben Tage fermentieren. Das Kraut sollte säuerlich und frisch riechen und auch so schmecken.

Wichtig: Kerne, Schalen, Abriebe oder restliche Gewürze kannst du aufheben und für die Herstellung der „FREA-Essenz" benutzen (siehe Seite 169).

EINGELEGTE PFLAUMEN

ZUBEREITUNG

Alle Gewürze in einem Topf anrösten. Somit entfalten sich alle Aromen. Mit den Flüssigkeiten ablöschen und kurz aufkochen lassen. Die Flüssigkeit auf 60 Grad herunterkühlen. Dann die Pflaumen in das Bügelglas geben und es mit der Flüssigkeit auffüllen. Verschließen und im Kühlschrank lagern. Wenn die Pflaumen aufgebraucht sind, kann die Flüssigkeit entweder für ein anderes Obst benutzt oder zur „FREA-Essenz“ hinzugeben werden.

Wichtig: Kerne, Schalen, Abriebe oder restliche Gewürze kannst du aufheben und für die Herstellung der „FREA-Essenz“ benutzen (siehe Seite 169).

ZUTATEN

1 kg Pflaumen
500 ml Apfelessig
500 ml Wasser
1 TL Pfefferkörner
4 EL Zucker
1 TL Salz
4 Stück Sternanis
80 g Zimt
100 ml Rum

FREA
Scoby Hotel
18/10

KLASSIK-KOMBUCHA

FÜR 4,5 LITER

ZUTATEN

17,5 g grüner Tee
17,5 g schwarzer Tee
450 g weißer Zucker
4,5 l Wasser
300 ml unpasteurisierter Kombucha
1 Scoby (von Freunden holen oder bei uns anfragen)

ZUBEREITUNG

Den Tee zusammen mit 1 l Wasser zu einem starken Tee aufkochen (zehn Minuten ziehen lassen). Den kompletten Zucker im abgesiebten und noch warmen Tee auflösen und auf Zimmertemperatur herunterkühlen lassen. Das restliche Wasser, den Kombucha, gemeinsam mit dem Scoby und dem Tee in ein 5 l Bügelglas geben. Das Glas mit einem Küchentuch abdecken. Bei Zimmertemperatur mindestens fünf Tage fermentieren lassen und ab dem fünften Tag probieren. Eventuell länger fermentieren lassen, wenn noch nicht der gewünschte Geschmack erzielt worden ist. Es sollte sich ein zweiter Scoby auf der Oberfläche bilden. Sobald der Kombucha fertig ist, können die Scobys mit ein wenig Flüssigkeit im Glas verbleiben (siehe Foto), dem sogenannten „Scoby-Hotel". Behalte immer etwas von deiner Flüssigkeit als Ansatz für deinen nächsten Kombucha.

KAFFEE-KOMBUCHA

FÜR 4,5 LITER

ZUTATEN

40 g Kaffeesatz
20 g frisch gemahlener Kaffee
450 g weißer Zucker
4,5 l Wasser
300 ml unpasteurisierter Kombucha (dient als Ansatzflüssigkeit)
1 Scoby (von Freunden holen oder bei uns anfragen)

ZUBEREITUNG

Den Kaffeesatz und den frisch gemahlenen Kaffee zusammen mit 1 l Wasser aufkochen und über Nacht ziehen lassen. Den Kaffee am nächsten Tag sieben und mit dem Zucker gemeinsam in ein 5 l Bügelglas geben. Das restliche Wasser, den Kombucha, und den Scoby zum Kaffee hinzugeben. Das 5 l Glas mit einem Küchentuch abdecken. Bei Zimmertemperatur mindestens fünf Tage fermentieren lassen und ab dem fünften Tag probieren. Eventuell länger fermentieren lassen, wenn noch nicht der gewünschte Geschmack erzielt worden ist. Der Scoby wird sich nicht so gleichmäßig bilden wie beim „Klassischen Kombucha", was aber nicht so schlimm ist. Sobald der Kombucha fertig ist, können die Scobys im Glas mit ein wenig Flüssigkeit verbleiben (siehe Foto). Behalte immer etwas von der Flüssigkeit als Ansatz für deinen nächsten Kombucha.

Wichtig: Kerne, Schalen, Abriebe oder restliche Gewürze kannst du aufheben und für die Herstellung der „FREA-Essenz" benutzen (siehe Seite 169).

BLUMENKOHL-LAUCH-DIP

ZUTATEN

300 g gedämpfter Blumenkohl
50 g confierter Knoblauch
100 g Sonnenblumenkerne
20 g eingelegte Senfkörner
(siehe Seite 168)
150 ml Lauchöl
(siehe Seite 148)
Salz und Zucker zum
Abschmecken

Anrichten:
Frischer marinierter Kohlrabi
(siehe Seite 170)
saisonale Kräuter

ZUBEREITUNG

Alle Zutaten bis auf das Lauchöl in den Mixer geben und mixen. Schmecke den Dip mit Salz und Zucker ab. Wenn alles gemixt ist, den Dip in eine Schüssel geben und das Lauchöl unterheben.

ANRICHTEN

Einen großen EL von dem Dip in eine Schale und als Deko den marinierten Kohlrabi und saisonale Kräuter hinzugeben.

Wichtig: Kerne, Schalen, Abriebe oder restliche Gewürze kannst du aufheben und für die Herstellung der „FREA-Essenz" benutzen (siehe Seite 169).

ROTE-BETE-DIP

ZUBEREITUNG

Alle Zutaten bis auf das Öl in den Mixer geben und alles zu einer glatten Masse mixen. Langsam das Öl in den laufenden Mixer geben. Alles in eine Schüssel füllen und kalt stellen.

ANRICHTEN

Einen großen EL von dem Dip in eine Schale geben und als Deko fermentierte Karotten und saisonale Kräuter hinzufügen.

Wichtig: Kerne, Schalen, Abriebe oder restliche Gewürze kannst du aufheben und für die Herstellung der „FREA-Essenz" benutzen (siehe Seite 169).

ZUTATEN

400 g eingelegte Beten (siehe Seite 131)
50 ml vom Saft der eingelegten Beten
150 ml reduzierter Rote-Bete-Saft
30 ml Pflanzenöl
50 g Sonnenblumenkerne
1 TL Pfefferkörner
1 TL Salz
1 TL Zucker

Beilage:
Fermentierte Karotten (siehe Seite 169)
Kräuter der Saison

SÜSSKARTOFFEL-CURRY-DIP

ZUTATEN

400 g Süßkartoffeln
30 g frischer Knoblauch
30 g frischer Kurkuma
30 g frischer Ingwer
1 TL Currypulver
100 ml Karottensaft
75 ml Bratöl
75 ml Olivenöl
Salz und Pfeffer zum Abschmecken

Beilage:
Marinierter Fenchel (siehe Seite 170)
Kräuter der Saison

ZUBEREITUNG

Die Süßkartoffeln mit Schale bei 180 Grad im Ofen backen, bis sie weich ist. Das Innere der Süßkartoffeln in den Mixer geben und die Schalen aufheben. Knoblauch, Kurkuma und Ingwer klein schneiden und in beiden Ölen confieren. Wenn alles confiert ist, das Currypulver hinzugeben. Knoblauch, Kurkuma und den Ingwer mit allen anderen Zutaten in den Mixer geben. Das Öl vom Confieren aufheben. Das Öl beim Mixvorgang langsam hinzugeben. Mit Salz und Pfeffer abschmecken.

ANRICHTEN

Einen großen EL von dem Dip in eine Schale geben und als Deko marinierten Fenchel und saisonale Kräuter hinzugeben.

Wichtig: Kerne, Schalen, Abriebe oder restliche Gewürze kannst du aufheben und für die Herstellung der „FREA-Essenz" benutzen (siehe Seite 169).

LAUCH

FÜR 4 PORTIONEN

ZUTATEN

(Bei diesem Rezept benötigst du insgesamt 4 Lauche. Wir benutzen alle Teile.)

Lauchsoße:
3 weiße Zwiebeln
4 große Lauche (die weißen Stämme)
500 ml trockener Weißwein
1 l Wasser
50 g Sonnenblumenkerne
2 TL Salz (zum Abschmecken)

Lauchöl:
4 Lauche (obere grüne Stücke)
250 ml Bratöl

Geschmorter Lauch:
4 Lauche (das Innere)

Maiscracker (500 g):
500 g frischer Masateig
1 TL Salz

Kraut:
siehe Seite 135

Lauch-Glaze:
200 ml Shiitakeessig (siehe Seite 170)
200 ml Lauchbrühe (siehe Seite 170)
200 ml Kaffee-Kombucha (siehe Seite 139)

Rauchige Pflaumensoße:
5 eingelegte Pflaumen (siehe Seite 136)
80 g Zucker
150 g Balsamico
Apfelchips zum Räuchern (siehe Seite 170)

Zubereitung auf der nächsten Seite

ZUBEREITUNG

Lauchsoße:
Zwiebeln und Lauch (nur den weißen unteren Teil) mit Olivenöl glasig anschwitzen. Den Weißwein hinzugeben und bis zur Hälfte reduzieren. Während die Soße noch heiß ist, im Mixer mixen. Die Sonnenblumenkerne nach und nach hinzugeben, bis die „Nappe consistency" erreicht ist. Soße mit Salz abschmecken.

Lauchöl:
Das Grün vom Lauch in Paysanne schneiden und in den Mixer geben (behalte die mittleren Stücke vom Lauch). Das Bratöl auf 65 Grad erhitzen und zum Mixer hinzugeben. Auf mittlerer Stufe mindestens fünf Minuten lang mixen. Das Öl durch ein feines Sieb gießen und das abgeschöpfte Öl für mindestens zwei Stunden im Kühlschrank kalt stellen. Sollten sich noch feine Stücken vom Lauch an der Oberfläche befinden, mit einer Kelle vorsichtig abschöpfen.

Geschmorter Lauch:
Die mittleren großen Stücke vom übrigen Lauch in eine Bratform legen. Den Lauch für 15 Minuten bei 250 Grad im Ofen rösten, bis der äußere Teil braune Röstaromen gebildet hat. Den Lauch abkühlen lassen. Die braunen äußeren Lauchblätter für die Lauchbrühe aufbewahren. Der innere Teil des Lauches lässt sich ganz einfach herausschieben. Den Lauch in gleichgroße Stücke schneiden und mit dem „Lauch-Glaze" würzen. Den Lauch idealerweise sechs Stunden bei Zimmertemperatur stehen lassen oder über Nacht in den Kühlschrank stellen. Vor dem Servieren auf Zimmertemperatur bringen.

Maiscracker:
Sollte der Masateig sehr trocken sein, kann er mit etwas Wasser befeuchtet werden. Salz hinzugeben und in einer Schüssel außerhalb des Kühlschranks stehen lassen, bis er 18 bis 19 Grad erreicht hat. Zwischen zwei Silikonmatten werden 80 g Masateig gelegt und dünn ausgerollt. Die Masse zwischen den Matten bei 170 Grad für 15 bis 20 Minuten backen. Die Cracker sollten idealerweise nicht braun werden, aber knusprig sein.

Lauch-Glaze:
Einen Teil Shiitakeessig, einen Teil Lauchbrühe und einen Teil Kaffee-Kombucha in einen Topf geben. Das Ganze zu einem dickflüssigen Glaze reduzieren und mit Salz abschmecken. Beiseitestellen.

Rauchige Pflaumensoße:
Die Pflaumen mit dem Zucker in einen kleinen Topf geben und zu einem dunklen Karamell karamellisieren lassen. Karamell mit Balsamico ablöschen und zu einer klebrigen Masse reduzieren. Die fertige Soße im Mixer zu einer feinen Soße mixen. Die Soße durch ein feines Sieb streichen und mit Apfelchips räuchern.

ANRICHTEN

Zum Anrichten kommen 2 EL vom Kraut in die Mitte des Tellers. Oben drauf kommen die geschmorten und glasierten Lauchstücke. Diese werden mit der rauchigen Pflaumensoße bestrichen und mit einer Prise Salz gewürzt. Die Lauchsoße erwärmen, abschmecken und um das Krautbett geben. Mit einem 1 EL das Lauchöl über die Soße geben. Ganz oben kommen die dünnen Maiscracker. Mit saisonalen Blüten dekorieren.

Wichtig: Kerne, Schalen, Abriebe oder restliche Gewürze kannst du aufheben und für die Herstellung der „FREA-Essenz" benutzen (siehe Seite 169).

GERÄUCHERTER KARTOFFELSALAT

FÜR 4 PORTIONEN

ZUTATEN

Kartoffeln:
500 g Kartoffeln
2 EL Olivenöl
2 EL Estragonessig
(siehe Seite 168)
Apfelchips zum Räuchern
(siehe Seite 170)
Salz zum Abschmecken

Rote-Zwiebel-Reduktion:
siehe Seite 170

Safran-Mayonnaise:
200 g Aquafaba
(siehe Seite 168)
700 ml Bratöl
40 ml Rote-Zwiebel-Reduktion
60 g eingelegte Senfkörner
(siehe Seite 168)
15 g Salz
1 g Safran

Kartoffel-Crumble:
1 ½ mittelgroße Kartoffeln
4 TL Bratöl

Knusprige Kartoffelschalen:
Schalen der Kartoffeln
Salz zum Abschmecken
Olivenöl zum Abschmecken

Fenchel-Brunoise:
1 ½ Fenchel
Öl zum Anbraten

Anrichten:
Apfel (in Julienne geschnitten)
Saisonale Kräuter
Saisonale Blüten

ZUBEREITUNG

Kartoffeln:
Die geschälten Kartoffeln bei 80 bis 90 Grad pochieren, bis sie weich sind (behalte die Schalen für die „Knusprigen Kartoffelschalen"). Die Kartoffeln in mundgroße Stücke schneiden und mit Apfelchips räuchern. Die Kartoffeln abgedeckt stehen lassen, da sonst das Raucharoma verloren geht. Bevor die Kartoffeln mit der Mayonnaise vermengt werden, werden sie mit Olivenöl, Estragonessig und Salz gewürzt.

Safran-Mayonnaise:
Das Aquafaba, die eingelegten Senfkörner und die Hälfte der Rote-Zwiebel-Reduktion zu einer feinen Masse mixen und alles in einen hohen Messbecher geben. Mit einem Stabmixer die Mayonnaise hochziehen und dabei langsam das Öl hinzugeben. Die restliche Zwiebelreduktion hinzugeben, so bleiben noch kleine Stücke der Zwiebel bestehen. Den Safran klein schneiden und zur Mayonnaise geben.

Kartoffel-Crumble:
Die Kartoffeln kochen, bis sie weich sind und dann in kleine Stücke zerkleinern. In einer Pfanne mit Öl bei mittlerer Hitze braten, bis sie knusprig sind.

Knusprige Kartoffelschalen:
Die Kartoffelschalen mit Öl und Salz würzen. Bei 150 Grad 10 bis 15 Minuten im Ofen knusprig backen.

Fenchel-Brunoise:
Den Fenchel in „Brunoise" schneiden und in einer heißen Pfanne mit etwas Öl anbraten.

ANRICHTEN

Die marinierten Kartoffeln mit der Mayonnaise mixen. Den Fenchel, frischen weißen Pfeffer, den Kartoffel-Crumble und eventuell 1 bis 2 EL Wasser für die Konsistenz hinzugeben und vermischen. Den Kartoffelsalat auf den Teller dekorieren und mit Apfelstreifen, den knusprigen Kartoffelschalen, den Kräutern und den Blumen dekorieren.

Wichtig: Kerne, Schalen, Abriebe oder restliche Gewürze kannst du aufheben und für die Herstellung der „FREA-Essenz" benutzen (siehe Seite 169).

BUNTE BETEN

FÜR 5 BIS 6 PORTIONEN

ZUTATEN

Rote-Bete-Sirup:
150 g Zucker
25 ml Wasser
100 ml Holunderessig
(siehe Seite 170)
75 ml Weißwein
350 ml Rote-Bete-Saft
5 g dehydrierte Holunderblüten
(siehe Seite 168)

Dillpaste:
1 ½ Bund Dill
150 ml Eiswasser
150 ml Lauchöl (siehe Seite 148)
50 g Sonnenblumenkerne
(für die Textur)
Salz zum Abschmecken

Beten auf Salzbett:
600 g gelbe Beten
125 g Salz
Eiswasser

Haselnuss-Praliné:
125 g geschälte und geröstete
Haselnüsse
100 ml Zucker
25 g Wasser
große Prise Rosensalz
(siehe Seite 170)

Zitronenschaum:
siehe Seite 171

Eingelegte Bete:
siehe Seite 131
Eingelegte Gurken:
siehe Seite 168
Eingelegte Trauben:
siehe Seite 168

ZUBEREITUNG

Rote-Bete-Sirup:
Den Zucker und das Wasser zu einem dunkelbraunen Karamell kochen. Den Essig und den Weißwein hinzugeben und auf 2/3 der Menge reduzieren. Den Rote-Bete-Saft hinzugeben und kurz aufkochen lassen. Wenn alles 105 Grad erreicht hat, die dehydrierten Blüten hinzugeben und weiter reduzieren lassen, bis eine sirupartige Konsistenz erreicht ist. Sobald fertig, alles durch ein feines Sieb streichen und den Sirup abkühlen lassen.

Dillpaste:
Den Dill für zehn Sekunden blanchieren und in 150 ml Eiswasserbad abschrecken. Das Eiswasser, den Lauch und das Lauchöl in den Mixer geben. Die Sonnenblumenkerne langsam hinzugeben, bis die gewünschte Textur erreicht ist. Mit Salz abschmecken.

Beten auf Salzbett:
Salz in einer Backform auslegen und die Beten darauflegen. Deckel zu und die Beten bei 170 Grad für eine Stunde backen. Die Beten sind fertig, wenn das Messer einfach durch geht. Die Beten zum Abschrecken ins Eiswasser geben und schälen. Das Salz kann für zwei bis drei weitere Backvorgänge verwendet werden.

Haselnuss-Praliné:
Den Zucker und das Wasser zu einem braunen Karamell kochen und die Nüsse hinzugeben. Bei ständigem Umrühren ein bis zwei Minuten köcheln lassen. Alles auf eine Silikonmatte gießen und über die gesamte Matte auslegen. Etwas von dem Rosensalz über das Haselnusskaramell streuen. Für mindestens 24 Stunden durchkühlen lassen. Nun kann es mit einem Stößel zu kleineren Stücken gestampft werden.

ANRICHTEN

Einen guten EL von der Dillpaste in der Mitte des Tellers platzieren. Auf die Paste kommen die eingelegten Gurken und Weintrauben zusammen mit den gelben Beten. Drumherum kommt der Rote-Bete-Sirup und das Haselnuss-Praliné. Zuletzt kommen die eingelegten Rote-Bete-Scheiben, der Zitronenschaum und die Blüten.

Wichtig: Kerne, Schalen, Abriebe oder restliche Gewürze kannst du aufheben und für die Herstellung der „FREA-Essenz" benutzen (siehe Seite 169).

HANDGEMACHTE TORTELLI

FÜR 10 PORTIONEN

ZUTATEN

Nudelteig:
500 g Semolina
230 ml Karottensaft
10 ml Olivenöl

Füllung:
1 kg Kartoffeln
1 kg Zwiebeln
300 g Champignons
300 g Shiitake
50 ml Olivenöl
20 g Chili-Öl
2 g Ingwer
50 g Schnittlauch
50 g Petersilie
1 Zitrone zum Abschmecken
Salz, Pfeffer und Muskat
zum Abschmecken

Zwiebel-Knollensellerie-Soße:
300 g weiße Zwiebeln
100 ml trockener Weißwein
5 weiße Zwiebeln mit Schale
300 g Knollensellerie
100 ml Olivenöl
Knollenselleriefond
(siehe Seite 170)

Gebratener Brokkoli:
100 g wilder Brokkoli (alternativ kann auch normaler Brokkoli verwendet werden)
Salz und Pfeffer zum Abschmecken

Anrichten:
saisonale Kräuter und Blüten
Eingelegte Senfkörner
(siehe Seite 168)
Eingelegte Shiitake
(siehe Seite 168)
„FREA-Essenz“-Glaze
(siehe Seite 169)
Fermentierte lila Karotten
(siehe Seite 169)

ZUBEREITUNG

Nudelteig:
Alle Zutaten kneten, bis ein geschmeidiger Teig entsteht. Den fertigen Teig in ein feuchtes Küchentuch einwickeln, damit er nicht austrocknet und mindestens eine halbe Stunde ruhen lassen.

Füllung:
Die Zwiebeln klein schneiden und in einem Topf mit Deckel und wenig Öl bei mittlerer Hitze schmoren, bis die Zwiebeln schön dunkel karamellisiert sind. Pilze in einer Pfanne bei starker Hitze anbraten und mit Salz und Pfeffer abschmecken. Kartoffeln im gesalzenen Wasser kochen. Wenn die Kartoffeln weich sind, Wasser abgießen und die Kartoffeln wieder zurück in den Topf geben. Bei kleiner Hitze ausdämpfen. Kartoffeln durch die Kartoffelpresse drücken und die noch heißen Kartoffeln mit leicht erwärmtem Öl und klein geschnittenem Ingwer zusammenmischen. Pilze, Zwiebeln und Kräuter mit der Kartoffelmasse mischen und mit Salz, Pfeffer, Muskat, Zitronenabrieb und -saft abschmecken. Die Füllung kalt stellen.

Zwiebel-Knollensellerie-Soße:
Die Zwiebeln mit der Schale auf grobem Salz auf einem Backblech bei 180 Grad im Ofen zu einer weichen Konsistenz schmoren (ca. eine Stunde). Wenn die Zwiebeln abgekühlt sind, lassen sie sich sehr einfach schälen. Den Sellerie schälen, in grobe Würfel schneiden und mit Olivenöl bei schwacher Hitze und Deckel anschwitzen. Wichtig: Das Gemüse anschwitzen und nicht rösten, da die Farbe der Soße hell sein soll. Die geschmorten Zwiebeln dazugeben und mit Weißwein ablöschen und diesen reduzieren. Anschließend mit Selleriefond aufgießen und ca. eine Stunde köcheln lassen. Die Soße in den Mixer geben und zu einer feinen Soße mixen. Etwas Olivenöl in den laufenden Prozess geben. Durch ein feines Sieb passieren und mit Salz, einer Prise Zucker und Muskat abschmecken.

Gebratener Brokkoli:
Brokkoli in einer Pfanne mit Olivenöl bei starker Hitze anbraten. Eventuell mit ein wenig Gemüsefond ablöschen und mit Salz und Pfeffer abschmecken.

Tortelli:
Den Teig mit einer Pastamaschine dünn ausrollen und mit einem Kreis ausstechen. Die Füllung auf den Teig geben und die Tortelli mit der Hand formen (siehe ab Seite 220). Die Tortelli für zwei Stunden kalt stellen und zehn Minuten vor dem Kochen aus dem Kühlschrank holen.

ANRICHTEN

Die Tortelli in einem Topf mit köchelndem Wasser für ca. zwei Minuten lang kochen (die Kochzeit variiert nach der Dicke des Teiges). Die Soße erwärmen und 6 EL auf den Teller geben. Fünf Tortelli in die Mitte des Tellers legen und mit der fermentierten Karotte, den eingelegten Pilzen und dem angebratenen Brokkoli dekorieren. Am Ende mit dem Glaze und den saisonalen Kräutern verfeinern.

Wichtig: Kerne, Schalen, Abriebe oder restliche Gewürze kannst du aufheben und für die Herstellung der „FREA-Essenz" benutzen (siehe Seite 169).

MANDEL-MOLE, ZUCCHINI, AUBERGINE, KRÄUTERSEITLING

FÜR 4 BIS 6 PORTIONEN

ZUTATEN

Mole für 10 Portionen
250 g Mandeln
200 g Sonnenblumenkerne
550 g Tomaten
100 g entkernte Aprikosen
100 g getrocknete Äpfel
200 g rote Zwiebeln
10 Knoblauchzehen
2 Zweige Thymian
1 TL Pfefferkörner
10 g Zimt
3 Stück Sternanis
½ Muskatnuss
6 Gewürznelken
2 g Kuminsamen
30 g Kakaobohnen
100 g altes Sauerteigbrot
30 g Ancho Chili (getrocknet)
20 g Guajillo Chili (getrocknet)
10 g Chipotle Chili (getrocknet)
Zucker und Salz zum Abschmecken
ca. 1 l Gemüsefond für die Textur (siehe Seite 169)
50 ml Pflanzenöl

Gemüse:
2 Auberginen
2 Zucchini
8 Kräuterseitlinge
20 ml „FREA-Essenz"
(siehe Seite 169)

Anrichten:
Marinierter Kohlrabi
(siehe Seite 170)
Eingelegte Beten
(siehe Seite 131)
Frische saisonale Kräuter

ZUBEREITUNG

Mole:
Alle Zutaten im Ofen bei 200 Grad für 15 bis 20 Minuten rösten. Dann die Zutaten nach und nach im Mixer mit etwas Gemüsefond sehr fein mixen. Die Mole durch ein feines Sieb streichen. In einem großen Topf das Pflanzenöl erhitzen und die Mole hinzugeben. Gemüsefond zum Verdünnen hinzugeben. Einmal aufkochen lassen und dann 30 Minuten bei niedriger Temperatur köcheln lassen. Wichtig: Immer rühren, da es sonst anbrennen könnte. Salz und Zucker zum Abschmecken hinzugeben. In der Regel immer etwas mehr Zucker als Salz. Die Textur der Mole sollte cremig sein. Der Geschmack ist eine Balance aus süß-würzig und leicht scharf.

Gemüse:
Die Zucchini und die Aubergine in mundgroße Stücke schneiden. Die Aubergine mit Salz bestreuen und zehn Minuten ziehen lassen. Die Zucchini mit dem „FREA-Essenz"-Glaze bestreichen. Dann kann beides bei 180 Grad im Ofen geröstet werden. Die Kräuterseitlinge halbieren und in einer Pfanne mit Öl scharf anbraten.

ANRICHTEN

4 bis 5 EL Mole in die Mitte des Tellers geben. Oben drauf zwei Stücken Aubergine, zwei Stücke Zucchini sowie den gerösteten Kräuterseitling. Dekoriert wird es mit den eingelegten Beten, eingelegtem Kohlrabi und saisonalen Kräutern.

Wichtig: Kerne, Schalen, Abriebe oder restliche Gewürze kannst du aufheben und für die Herstellung der „FREA-Essenz" benutzen (siehe Seite 169).

NEKTARINEN-SORBET, APRIKOSENSOSSE

FÜR 10 BIS 12 PORTIONEN

ZUBEREITUNG

Nektarinenpüree:
Die Nektarinen entkernen und mit Zucker und Zimt im Wasser kochen, bis sie weich sind. Die Nektarinen kurz abkühlen lassen und den Nektarinenfond behalten. Die Nektarinen pürieren und durch ein feines Sieb streichen.

Nektarinensorbet:
Das abgekühlte Nektarinenpüree und alle anderen Zutaten für das Sorbet in eine Eismaschine geben (Zeiten sind abhängig von der jeweiligen Eismaschine).

Aprikosensoße:
Die Aprikosen entkernen und langsam im Nektarinenfond kochen, bis sie weich sind. Die Aprikosen im Mixer mixen und durch ein feines Sieb streichen. Dann mit Zitronensaft, Salz, Pfeffer und Xantan wieder in den Mixer geben und noch einmal mixen. Bei Bedarf kann noch etwas Nektarinenfond hinzugegeben werden.

Aprikosenragout:
Alle Zutaten in eine Schüssel geben, abgesehen von den Aprikosen. Alles zu einer dickflüssigen Marinade vermengen. Die Aprikosen entkernen und in „Brunoise" schneiden. Die Aprikosen in der Marinade unterheben und eventuell eine Prise Salz hinzugeben.

ANRICHTEN

1 EL Aprikosensoße und 1 EL Aprikosenragout auf den Teller. Oben drauf das Nektarinensorbet mit Baiser und saisonalen Blüten.

Wichtig: Kerne, Schalen, Abriebe oder restliche Gewürze kannst du aufheben und für die Herstellung der „FREA-Essenz" benutzen (siehe Seite 169).

ZUTATEN

Nektarinenpüree:
700 g Nektarinen
1 l Wasser
200 g Zucker
50 g Zimt

Nektarinen-Sorbet:
500 g Nektarinenpüree
100 g Zuckersirup (siehe Seite 171)
100 g Invertzucker
80 g frischer Zitronensaft

Aprikosensoße:
200 g Aprikosen
150 g Nektarinenfond (in der Zubereitung lesen)
50 g frischer Zitronensaft
1 Prise Xantan
1 Prise Salz
½ TL frisch gemahlener Pfeffer

Aprikosenragout:
5 entsteinte Aprikosen
50 ml frischer Zitronensaft
50 ml Olivenöl
5 g frisch und kleingehackter Lavendel
1 EL Aprikosensoße
1 EL Nektarinenfond (in der Zubereitung lesen)
1 Prise Salz

Anrichten:
Ringelblumenblüten
Amaranth-Blätter
Vanille-Baiser (siehe Seite 171)

DIE BESTEN PRDOUKTE

Bei FREA arbeiten wir ausschließlich mit Produkten aus ökologischem Anbau und überwiegend aus der Region. Es gibt aber auch ausgewählte Produkte aus Übersee. Dazu gehören unsere Kaffeebohnen, Gewürze oder Kakaobohnen und Kakaobutter. Bei diesen Produkten ist es uns ebenso wichtig, einen ökologischen Anbau zu fördern und genau zu wissen, dass faire Arbeitsbedingungen eingehalten werden. Wir haben im Vorfeld viele Lieferant*innen besucht und verglichen, wer am besten für unser Konzept geeignet ist. Wir kennen jede*n unserer Produzent*innen, Hersteller*innen oder Lieferant*innen sehr gut und können so den Anbau und die Lieferketten genau zurückverfolgen.

Wir wollten unbedingt ein Gericht aus Schokolade herstellen. Also mussten wir uns erst einmal überlegen, wie wir unsere Schokolade selber machen. So können wir direkt aus dem Rohprodukt genau das Endprodukt herstellen, welches unserer Philosophie am nächsten kommt. Es galt also Verpackungen zu vermeiden, unnötige Transportwege einzusparen und vor allem den Anbau der Produkte zu begutachten. Für eine hochwertige Schokolade benötigt man nur Kakaobohnen, Kakaobutter und Zucker.

Viel schwieriger wäre es, mit einer schon fertigen Schokolade zu arbeiten, schließlich kommt sie verpackt und es entsteht wieder Abfall. Gleichzeitig müssten wir uns der Qualität der Schokolade und ihrer Inhaltsstoffe vergewissern.

Wir wollen dir auf jede Frage zur Herkunft und zum Anbau von einem bei uns verwendeten Produkt eine ehrliche und plausible Antwort geben. Diese Transparenz macht Arbeitsschritte nachvollziehbar und hilft so beim Erlernen neuer Strategien des bewussten Konsums. Das Nachfragen bei den Herstellern kostet viel Zeit und liefert oft keine Antworten. Diese Probleme gibt es bei selbstgemachten Produkten nicht. Mittlerweile produzieren wir wöchentlich bis zu 15 Kilogramm unserer 80-prozentigen Schokolade und stellen daraus unser Schokoladenmousse oder unser hausgemachtes Nougat her.

SCHOKOLADENMOUSSE

FÜR 10 PORTIONEN

ZUBEREITUNG

Schokoladenmousse:
Wasser zum Kochen bringen. Die Schokolade klein hacken und das kochende Wasser mit der Schokolade vermischen, bis sich beides verbunden hat. Dann kann es abkühlen. Das Aquafaba und den Zitronensaft in eine Schüssel geben und aufschlagen. Den Zucker und das Wasser bei ständigem Rühren auf 127 Grad erhitzen, bis ein Zuckersirup entsteht. Den Zuckersirup langsam in das Aquafaba einrühren, bis das Baiser fluffig aufgeschlagen ist. Der Zuckersirup wird beim Aufschlagen abgekühlt. Die flüssige Schokoladenmischung muss auf 27 Grad abkühlen. Erst dann kann das Baiser in drei Schritten unter die Schokoladenmasse gehoben werden. Gut vermischt kann dann alles in kleine und gekühlte Formen abgefüllt und kalt gestellt werden. Die Mousse ist nach drei Stunden fertig. Idealerweise über Nacht ruhen lassen.

Pflaumen-Pfeffer-Soße:
Pfeffersorten in einem Topf anrösten, damit sich die Aromen entfalten. Den Zucker hinzugeben und leicht karamellisieren lassen. Mit allen Flüssigkeiten (außer Zitronensaft und Rum) ablöschen, die Pflaumen hinzugeben und alles zum Köcheln bringen. Die Soße im Mixer mit Xantan glatt mixen und durch ein feines Sieb streichen. Die fertige Soße mit Rum und Zitronensaft abschmecken. Eventuell etwas Salz hinzugeben.

Eingelegte Pflaumen:
Pflaumen entkernen und halbieren.

ANRICHTEN

1 TL Schokoladencrumble in die Mitte des Tellers. Seitlich werden drei Hälften von den eingelegten Pflaumen hingelegt. Eine Nocke Schokoladenmousse auf den Crumble. Die Soße kann auf die Pflaumen gegossen werden. Auf jedes Stück der Pflaumen kommen Blutampfer und Malvenblüten. Oben drauf der dehydrierte Schokoladenchip und die Kakaonibs.

Wichtig: Kerne, Schalen, Abriebe oder restliche Gewürze kannst du aufheben und für die Herstellung der „FREA-Essenz" benutzen (siehe Seite 169).

ZUTATEN

Schokoladenmousse:
300 g FREA-Schokolade (siehe Seite 169)
300 ml Wasser
100 g Aquafaba (siehe Seite 168)
90 g Zucker
20 ml Wasser
5 Tropfen frischer Zitronensaft

Pflaumen-Pfeffer-Soße:
500 g eingelegte Pflaumen (siehe Seite 136)
150 ml Pflaumenfond von den eingelegten Pflaumen
250 ml reduzierter Rote-Bete-Saft
100 ml Rotweinreduktion
20 g Timut-Pfeffer
20 g Grapefruit-Pfeffer
20 g schwarzer Pfeffer
100 g Zucker
50 ml frischer Zitronensaft
20 ml Rum zum Abschmecken
1 g Xantan
1 Prise Salz nach Bedarf

Schokoladencrumble:
siehe Seite 170

Eingelegte Pflaumen:
siehe Seite (136)

Anrichten:
Dehydrierter Schokoladenchip (siehe Seite 168)
Kakaonibs aus den rohen Kakaobohnen
Blutampfer
weiße Malvenblüten

REZEPTE

AQUAFABA

200 g Kichererbsen
600 ml Wasser

Die Kichererbsen im Wasser über Nacht einweichen lassen. Das Wasser muss weggeschüttet werden, da dieses nun Phasin enthält. Die Kichererbsen mit doppelter Menge an Wasser für zwei Stunden im Druckkochtopf kochen. Nach abgelaufener Zeit müssen die Kichererbsen mindestens sechs Stunden im geschlossenen Druckkochtopf bleiben. Die Kichererbsen können zu leckerem Humus verarbeitet werden. Die restliche Menge an Flüssigkeit, die im Kochtopf ist, ist das Aquafaba. Es wird abgefüllt und muss kalt gelagert werden.

DEHYDRIERTE HOLUNDERBLÜTEN

frische Holunderblüten

Die frischen Holunderblüten bei 60 Grad für sechs Stunden in einem Dehydrator trocknen.

DEHYDRIERTER SCHOKOLADENCHIP

übriges Schokoladenmousse

Das übrig gebliebene Schokoladenmousse dünn auf einer Silikonmatte ausstreichen und bei 50 Grad für acht Stunden dehydrieren.

EINGELEGTE GURKEN

2 Gurken
160 ml Essig
60 g Zucker
½ Bund Minze
0,5 ml Zitronensaft

Die Gurken in 1 cm dicke Scheiben schneiden und mit einer runden Form kreisförmig ausstechen.
Die Reste können in einem frischen Salat verwendet werden. Die anderen Zutaten in einer Schüssel gut vermischen und die Gurkenscheiben dazugeben. Im Kühlschrank zwei bis drei Stunden ziehen lassen.

EINGELEGTE SENFKÖRNER

100 g Apfelessig
100 ml Wasser
100 g Senfsaat
6 g Salz
4,5 g Zucker

Alle Zutaten, von Salz und Zucker abgesehen, in ein Glasgefäß geben und abwiegen. Dann Salz und Zucker hinzugeben. Die Senfkörner sind nach sieben Tagen ideal eingelegt und fertig für den Verzehr.

EINGELEGTE SHIITAKEPILZE

200 g Shiitake geputzt
100 ml Apfelessig
100 ml Wasser
20 ml Olivenöl
1 Knoblauchzehe
½ TL Zucker
1 TL Salz
1 TL ganze Pfefferkörner
1 TL Koriandersaat
2 Lorbeerblätter
2 Triebe frischer Thymian

Den Pfeffer, Koriander und den Thymian in einer Pfanne kurz anrösten. So entfalten sich die Aromen am besten. Die Pilze und den Knoblauch in einer Pfanne mit wenig Öl scharf anbraten. Mit Wasser und Apfelessig ablöschen und köcheln lassen. Sobald die Flüssigkeit abgekühlt ist, kann sie mit den Pilzen in ein Glasgefäß gefüllt werden. Die Pilze sind nach drei bis fünf Tagen ideal eingelegt und fertig für den Verzehr.

EINGELEGTE TRAUBEN

100 g Trauben
100 ml Sencha Tee
65 ml Weißwein
35 g Zucker

Die Trauben halbieren und beiseitelegen. Den Tee aufkochen.
Alle anderen Zutaten gut miteinander vermischen und die Trauben hinzugeben. Im Kühlschrank zwei bis drei Stunden ziehen lassen.

ESTRAGONESSIG

2 Estragonzweige
Apfelessig
Eiswasser

Die Estragonzweige für zehn Sekunden blanchieren und im Eiswasser abschrecken. Die Zweige in ein Gefäß geben und mit dem Apfelessig übergießen, sodass alles bedeckt ist. Im Kühlschrank ist der Estragonessig nach sieben Tagen fertig.

FERMENTIERTE LILA KAROTTEN

1 kg lila Karotten
Wasser
2,5 % Salz (auf die Menge von Karotten und Wasser im Glas)
1 % Zucker (auf die Menge von Karotten und Wasser im Glas)

Karotten abwaschen und schälen. Karotten in ein Glasgefäß geben und mit Wasser aufgießen bis alles bedeckt ist. Nun das Wasser und die Karotten abwiegen und 2,5 Prozent Salz und 1 Prozent Zucker hinzugeben. Die Karotten können auch mit einem sterilen Teller beschwert werden, damit alles mit Flüssigkeit bedeckt ist. Wichtig dabei ist, dass die Karotten komplett mit Wasser bedeckt sind. Das Glas mit einem Tuch abdecken und für drei bis sieben Tage bei Raumtemperatur (15 bis 22 Grad) an einem lichtgeschützten Ort stehenlassen. Dabei täglich kontrollieren und eventuelle Unreinheiten oberhalb der Lake entfernen. Nach drei bis sieben Tagen kann das fermentierte Gemüse kalt gestellt werden (ein bis zehn Grad). Durch die Kälte verlangsamt sich der Fermentationsprozess und ist nach einigen Wochen abgeschlossen.

„FREA-ESSENZ"

2 l Wasser
1 kg Gemüsereste

Das Wasser mit den Gemüseabschnitten und den Gewürzen in einem großen Topf über mehrere Stunden köcheln lassen und auf 300 ml reduzieren (am besten ist es, wenn es über ein oder zwei Tage hinweg gemacht wird).

„FREA-ESSENZ"-GLAZE

30 g Zucker
30 g Wasser
3 g Leinsamen
½ Chilischote
½ Sternanis
1 EL Pfefferkörner
200 ml trockener Weißwein
300 ml „FREA-Essenz"
Salz und Pfeffer zum Abschmecken

Den Zucker und das Wasser zu einem dunklen Karamell kochen und mit Weißwein ablöschen. Chili, Pfeffer und Sternanis hinzufügen und den Wein so weit reduzieren, bis er fast verkocht ist. Die Gemüseessenz und die Leinsamen hinzugeben und zum Kochen bringen. Den Glaze passieren und mit Salz und Pfeffer abschmecken. Sollte der Glaze zu dick sein, kann mit ein wenig Fond nachgeholfen werden.

FREA-SCHOKOLADE

3 kg Kakaobohnen
260 g Kakaobutter
480 g Zucker

Die Kakaobohnen bei 160 Grad für acht Minuten und dann für weitere zehn Minuten bei 120 Grad rösten. Die Bohnen werden warm und mit der Schale grob gehackt und dann im Mixer zu einer Kakaopaste gemixt. Die warme Kakaopaste nach und nach in den Mélangeur kippen. Die Paste 24 Stunden walzen lassen. Die Kakaobutter langsam schmelzen und in den laufenden Prozess hinzugeben. Nach 16 Stunden den Zucker in vier Schritten hinzugegeben. Jeweils 120 g werden alle drei Stunden Zucker hinzugegeben. Nach der letzten Zugabe des Zuckers sollte die Maschine über Nacht noch einmal laufen. Dann hat sich der Zucker komplett vermischt und die Schokolade ist cremig, glänzend und zart. Die Schokolade in die gewünschte Form füllen, bei Zimmertemperatur abkühlen lassen und im Kühlschrank lagern.

GEMÜSEFOND

Gemüseabschnitte
Gemüseschalen
Salz und Pfeffer zum Abschmecken

Alle Zutaten mit Wasser bedecken und zum Kochen bringen. Für 30 Minuten köcheln lassen und mit Salz und Pfeffer abschmecken. Ziehen lassen, durch ein Sieb gießen. Der Fond ist direkt einsatzbereit.

HASELNUSSMILCH

140 g geröstete und geschälte Haselnüsse
1 l Wasser
1 g Salz
15 g Zucker

Alle Zutaten werden zusammen fünf Minuten gemixt. Die Flüssigkeit insgesamt dreimal durch ein Sieb streichen. Dann die Haselnussmilch in ein Seihtuch geben, langsam auspressen und abfüllen. Vorgang eventuell wiederholen, falls die Milch noch grießig sein sollte. Die Reste können auf einer Silikonmatte ausgestrichen und über Nacht dehydriert werden.

HOLUNDERESSIG

500 g frische Holunderblüten
Apfelessig

Die Holunderblüten zupfen und in ein großes Gefäß geben. Mit Apfelessig auffüllen und das Gemisch für sieben Tage in den Kühlschrank stellen.

KNOLLENSELLERIEFOND

Schalen des Knollenselleries
Schalen eines Apfels
Wasser

Die Schalen über Nacht bei 70 Grad dehydrieren. In einen Topf geben, mit Wasser bedecken und zum Kochen bringen. Nach dem Aufkochen fünf Minuten weiter kochen und ziehen lassen. Wenn abgekühlt, kann der Fond gesiebt werden und ist direkt einsatzbereit.

LAUCHBRÜHE

Geschmorte Lauchschalen
Wasser

Die geschmorten Lauchschalen in einen Topf geben und mit Wasser aufgießen. Für 30 Minuten köcheln lassen. Den Fond durch ein Sieb gießen. Dann ist der Fond direkt einsatzbereit.

MARINIERTER FENCHEL

150 ml Apfelessig
150 ml Wasser
1 Fenchelkopf
1 EL Salz
1 TL Zucker

Den Fenchel mit einer Mandoline in dünne Streifen hobeln. Die restlichen Zutaten in einer Schüssel gut vermengen und den Fenchel hineingeben. Im Kühlschrank zwei bis drei Stunden ziehen lassen.

MARINIERTER KOHLRABI

150 ml Kräuteressig
150 ml Wasser
1 ganzer Kohlrabi
1 EL Salz
1 TL Zucker

Den Kohlrabi schälen und mit einer japanischen Mandoline in lange dünne Streifen hobeln. Die restlichen Zutaten in einer Schüssel gut vermengen und den Kohlrabi hineingeben. Im Kühlschrank zwei bis drei Stunden ziehen lassen.

MIT APFELCHIPS RÄUCHERN

Räucherpistole
Apfelholzchips

Das Gemüse, welches geräuchert werden soll, in eine Schale geben und mit einem Deckel verschließen. Den Schlauch des Räuchergeräts zwischen Deckel und Schüssel durchstecken und mit einem Küchentuch abdecken. Jetzt kann das Gemüse geräuchert werden, bis die Holzchips verbrannt sind. Den Deckel so lange wie möglich auf dem Gemüse lassen, nur so bleibt das Aroma erhalten.

ROSENSALZ

100 g Salz
10 dehydrierte Rosenköpfe

Die Rosenblätter bei Zimmertemperatur für sieben Tage trocknen oder im Dehydrator bei 60 Grad für sechs Stunden dehydrieren. Die dehydrierten Rosenköpfe zu einem Rosenstaub zermahlen und mit dem Salz vermischen.

ROTE-ZWIEBEL-REDUKTION

3 kleine rote Zwiebeln, „Brunoise"
100 ml trockener Weißwein
50 ml Estragonessig
(siehe Seite 168)
¼ TL weißer Pfeffer
2 EL Olivenöl

Die Zwiebeln in Olivenöl glasig anschwitzen. Den Weißwein, Estragonessig und den Pfeffer hinzugeben. Alles reduzieren, bis 2 EL Flüssigkeit übrig sind.

SCHOKOLADENCRUMBLE

100 g FREA-Schokolade
100 g Kakaonibs

Die Kakaobohnen schälen und bei 160 Grad für zwölf Minuten rösten. Anschließend zu kleinen Nibs hacken. Die FREA-Schokolade in kleine Stücke brechen und mit den Kakaonibs vermischen.

SHIITAKEESSIG

100 g Shiitakepilze
500 ml Apfelessig
100 ml Wasser
100 g Zucker
2 rote Zwiebeln
2 Karotten
5 Lorbeerblätter

Die Zwiebel halbieren und die Karotten in kleine Stücke schneiden. Zusammen mit den ganzen Shiitakepilzen alles gut anrösten. Den Zucker und das Wasser hinzugeben und karamellisieren lassen. Den Essig und die Lorbeerblätter hinzugeben und den Essig zur Hälfte reduzieren. Alles in ein Bügelglas abfüllen. Der Essig ist direkt einsatzbereit.

VANILLE-BAISER

50 g gekühltes Aquafaba (siehe Seite 168)
50 g Zucker
10 ml Wasser
1 Vanilleschote
1 g Xantan
3 bis 4 Tropfen frischer Zitronensaft

Das Aquafaba und den Zitronensaft in eine Schüssel geben und aufschlagen. Die Vanilleschote halbieren, auskratzen und in einem Topf mit Zucker und dem Wasser aufkochen. Alles unter ständigem Rühren auf 127 Grad erhitzen. Den fertigen Zuckersirup langsam in das Aquafaba einrühren. Der Zuckersirup wird beim Aufschlagen abgekühlt. Das Xantan hinzugeben. Der ganze Prozess sollte ca. zehn Minuten dauern. Das aufgeschlagene Baiser dünn auf einer Silikonmatte ausstreichen und für acht Stunden bei 50 Grad im Dehydrator trocknen. Sobald es fertig ist, in einem luftdichten Behälter lagern.

ZITRONENSCHAUM

65 ml Zitronensaft
65 ml Wasser
1 g Sonnenblumenkern-Lecithin

Alle Zutaten in einen hohen Messbecher geben und mit einem Stabmixer mixen, bis der Schaum entsteht.

ZUCKERSIRUP

50 ml Wasser
50 g Zucker

Beide Zutaten gut vermengen und kurz aufkochen lassen. Abfüllen und im Kühlschrank lagern.

BROT ESSEN IST KEINE KUNST, ABER BROT BACKEN.

WIR LIEBEN BROT

Dieses deutsche Sprichwort trägt viel Weisheit in sich. Uns war es von Anfang an besonders wichtig, wirklich traditionsreiche Handwerke wie das Brotbacken zu meistern. Im Vergleich zu anderen Ländern haben wir in Deutschland eine Bandbreite von hellen bis dunklen Broten mit Körnern, Samen, in Sauerteig oder Lauge. Die „UNESCO" führt die deutsche Brotkultur sogar als immaterielles Kulturerbe.[13] Brot in seinen verschiedenen Formen ist seit Jahrtausenden Bestandteil (religiöser) Rituale und Feste. Das Brotbrechen ist ein Brauch, der etwa im Alten Testament beschrieben wird und den Beginn eines Mahls kennzeichnet. Wer von dem Brot bekommt, erhält Anteil am Segen. Das Brot stellt für uns einen essenziellen Aspekt des Menüs dar und begeistert dabei mit seinem Eigengeschmack und in Kombination mit unterschiedlichen Soßen und Dips.

Trotz des allgemeinen Trends des „Clean Eatings", der oft mit dem Verzicht auf Gluten und Kohlenhydrate einhergeht, büßt gutes Sauerteigbrot keineswegs an Beliebtheit ein. Deswegen beginnt ein Dinner bei FREA auch mit ein paar Scheiben unseres Sauerteigbrotes, welches mit Olivenöl gereicht wird. Als glutenfreie Alternative bieten wir unser hausgemachtes Knäckebrot aus Sonnenblumenkernen, Leinsamen und Buchweizen an. Glaubt man unseren Gästen, so schmeckt man bereits hier das hohe Maß an Kunstfertigkeit und Sorgfalt unserer Köch*innen heraus.

Ein Produkt aus so klaren und simplen Zutaten herzustellen ist für uns eine Kunst. Nur aus Wasser, Mehl und Salz können wir mit den richtigen Techniken und vor allem viel Liebe und Zeit ein reines und schmackhaftes Sauerteigbrot herstellen. Aber was ist denn eigentlich ein Sauerteig? Unsere guten Freunde von „Fairment" beantworten diese Frage sehr ausführlich:

„Natursauerteig ist eine Starterkultur aus Mehl und Wasser, die lebende Hefen und Bakterien enthält. Er wird entweder aus der dem Mehl eigenen mikrobiellen Flora angezüchtet oder einfach mit einem schon fertigen Sauerteig angesetzt. Traditionell hergestelltes Brot mit Natursauerteig trocknet nicht so schnell aus und schimmelt viel langsamer als nicht gesäuertes Brot. In dem Natursauerteig befinden sich wertvolle Hefen und Milchsäurebakterien. Sie verdauen für dich den Teig vor, wodurch neue Nährstoffe als Stoffwechselprodukte entstehen. Die Verfügbarkeit der Nährstoffdichte im Mehl wird erhöht und Bestandteile, die für einige Menschen problematisch sind, werden vermindert. Darunter zählt beispielsweise Gluten.

Es eignen sich alle Vollkornmehle wie Roggen, Dinkel und Weizen zur Herstellung eines echten Sauerteigs. Um den Sauerteig anzuzüchten, sind Vollkornmehle besser geeignet, da sie die Randschichten des Korns enthalten."[15]

TREA

PILZE AUS DER UCKERMARK

Ob hausgemachtes Sauerteigbrot, Schokolade oder unser Kombucha – wir stellen alles selbst her, denn nur so können wir die bestmögliche Qualität gewährleisten. Demzufolge können wir zu jedem Produkt eine Geschichte erzählen. Besonders die Geschichte von unseren Pilzen wollen wir dir in diesem Buch etwas näherbringen.

Wir sehen Pilze als etwas ganz Besonderes. Mit guten Pilzen in unserer Küche zu arbeiten gibt uns die Möglichkeit, tiefe Aromen, unterschiedlichste Texturen und fantastische Geschmäcker zu kreieren. Ausgehend von der Liebe zu Pilzen haben wir nach gleichgesinnten Produzent*innen aus der Region gesucht. Mit „Frische Kappen" haben wir eine solche Pilzfarm gefunden, die sich voller Hingabe der Aufzucht von Pilzen widmet. Der Betrieb wird von Andreas und Manuel geleitet. Beide haben sich über dieselbe Permakultur-Lehrerin kennengelernt und teilen somit die Leidenschaft für's Gärtnern und vor allem für Pilze. Sie begleitet die beiden schon seit jungen Jahren und wurzelt in ihrer Kindheit auf dem Land – Andreas (rechts im Bild) wurde in Görlitz geboren und Manuel in Parchim. Während Manuel umgeben von einem großen Gemüsegarten aufwuchs, war Andreas als Kind schon ständig Pilze suchen, ein Freund seiner Familie war Pilzberater.

Nach ihrer Kindheit verschlug es beide in unterschiedliche Richtungen. Manuel, der sich als „naturverbunden und technikinteressiert" beschreibt, begann eine Ausbildung zum Mechatroniker. Andreas brach sein Informatikstudium ab und begann das Studium eines Faches, das ihn schon als Kind vollkommen begeisterte: Biologie. Er kostete das Studium vollkommen aus und beendete es letztlich mit seiner Doktorarbeit über das Verhalten von Honigbienen.

Beide lebten anschließend jahrelang in Berlin, bis es sie zurück aufs schöne, weite Land zog. Als die beiden dann unabhängig voneinander in der Uckermark landeten und sich wiedertrafen, war die Zeit gekommen, die Liebe zu den Pilzen in ein Business zu verwandeln.

”

WENN DU DIE WELT VERÄNDERN WILLST, BEGINNE VOR DEINER EIGENEN HAUSTÜR!

– MANUEL GROSS

LEB MIT DEM, WAS DU WIRKLICH BRAUCHST

Immerhin sind Pilze, so erklärt Andreas, ein unterrepräsentiertes Gemüse. Sie sind eine alleinstehende Kategorie neben Pflanzen und Tieren. Dennoch werden Pilze im großen Stil in der pharmazeutischen Forschung eingesetzt und sind optimale Eiweiß- und Nährstofflieferanten, so der Biologe Andreas. Der Austausch mit den Restaurants und Kunden ist für Andreas und Manuel essenziell, denn so können sie kreativ sein und neue Pilzsorten, auch ganz nach Wunsch, heranzüchten und frisch sowie lokal anbieten.

Auf Manuels großem Hof bot sich genügend Platz für die Umsetzung der Idee und Zucht der Pilze. Beide waren von der Geschäftsidee begeistert, denn die Selbstständigkeit verstehen beide als Selbstermächtigung und Selbstbestimmung – es treibt sie an, die eigenen Gedanken ein- und umzusetzen. Andreas empfindet es als besonders bereichernd, wenn ihm bei seiner Arbeit niemals langweilig wird. Das Wachsen und Gedeihen zu beobachten und so etwas Neues mit den eigenen Händen zu erschaffen, fasziniert ihn dabei.
Wie Peter teilen Andreas und Manuel die Überzeugung, Saisonalität und Regionalität seien unheimlich wichtig. „In unseren Nahrungsmitteln spiegeln sich die Jahreszeiten wider." und es ergebe Sinn, „mit den Jahreszeiten zu leben", so Manuel.

Dabei achtet das Duo darauf, bewusst mit anfallendem Müll umzugehen und ihn da zu reduzieren, wo es geht. Etwa, indem sie ein Pfandsystem für wiederverwendbare Eurokisten etabliert haben, die für den Transport der Pilze genutzt werden. Außerdem streben sie danach, kompostierbare Abfälle, wie das Pilzsubstrat, in den biologischen Kreislauf zurückzuführen. Dementsprechend verteilen sie das Substrat in ihrer Blumengärtnerei.

Andreas und Manuel produzieren nun mittlerweile Kräuterseitlinge, Shiitake oder auch Austernpilze in bester Qualität. Für beide war es wichtig, ein Produkt zu entwickeln, das nachhaltig und hochqualitativ ist. Somit passen sie perfekt zu FREAs Philosophie.

„

ES GIBT VIELE KLEINE DETAILS ZU BEACHTEN, UM SEHR GUTE PILZE ZU ZÜCHTEN.

– ANDREAS KIRBACH

A36

↓ sofort geöffnet

DANKE AN EUCH BEIDE
FÜR DIE TOLLE ARBEIT, DIE IHR LEISTET, INDEM IHR UNS MIT DEN BESTEN PILZEN BELIEFERT. UNSERE GÄSTE UND WIR SCHÄTZEN ES SEHR, SOLCH WUNDERBARE PRODUKTE GENIESSEN ZU DÜRFEN.

Manuel und Andreas, rechts im Bild

ZERO WASTE.

Etwas zu verändern, ist das Ziel unserer Reise.

Hergestellt in der Schweiz durch:
Schweizer Zucker AG
CH-8502 Frauenfeld
Bio-Zertifizierung: bio.inspecta AG

OHNE MÜLL IM RESTAURANT

In diesem Teil möchten wir noch etwas näher darauf eingehen, wie wir als Restaurant mit der Abfallthematik bzw. Zero-Waste umgehen. Wie der Name schon sagt, geht es darum, möglichst keinen unverwertbaren Abfall zu produzieren. Deswegen war unser erster Schritt, zu definieren, was Abfall ist und wo er anfällt.

Sei es bei der Energieerzeugung, in der Landwirtschaft, beim Transport, bei den Verpackungen und den Resten aus der Küche – wir haben jeden Aspekt durchleuchtet, um den bestmöglichen, nachhaltigen Ansatz zu finden. Dazu gehören etwa der Bezug von grünem Strom und Produkten aus hauptsächlich ökologischer Landwirtschaft. Die Abfallthematik versuchen wir auch durch die Bevorzugung von Papierverpackungen zu lösen und mit der Kompostierung unserer Reste streben wir danach, sogar etwas an den Kreislauf zurückzugeben.

Realistisch betrachtet ist es kaum möglich, hundertprozentig müll- bzw. emissionsfrei zu leben, deswegen verstehen wir Zero-Waste als Idealbild, dem wir uns in jeder Lebenslage annähern. Wollte man Zero-Waste ganz dogmatisch umsetzen, müsste sich im gleichen Zug auf globaler Ebene eine Kreislaufwirtschaft durchsetzen. Mit der jetzigen linearen Wirtschaft ist es immer nur bis zu einem gewissen Grad möglich, Zero-Waste im strengen Sinne zu verwirklichen. Angelehnt an unsere Überzeugung, ein Wandel beginne beim Einzelnen, haben wir uns trotzdem das Ziel „Zero-Waste" gesetzt und versuchen mittels unserer Lieferant*innen ein hohes Maß an Emissions- und Müllreduktion zu gewährleisten. Wir verstehen Zero-Waste dabei nicht als Label, das man verliert, sobald auch mal ungewollt (Plastik-)Verpackungen anfallen. Wir empfehlen auch dir, ein solches Schwarz-Weiß-Denken zu vermeiden, es entmutigt dich nur. Zero-Waste ist eine Herausforderung, der wir mit Leichtigkeit und einer gesunden Portion Nachsicht begegnen sollten.

MIT DEM RICHTIGEN ANSATZ

Unsere Trockenwaren wie Mehl für unsere Pasta und unser Brot sowie Kichererbsen, Leinsamen und Sonnenblumenkerne kommen alle im Papier-Großgebinde aus einer Bio-Erzeugergemeinschaft aus Bayern. Wir haben dort einen guten Partner gefunden, der unsere Philosophie versteht. Dort haben wir schon für zu Hause im Großgebinde bestellt. Anfangs kam noch viel mit Plastik verpackt, aber nach einigen Telefonaten mit den Verantwortlichen konnte sich das auch klären. Sobald man selbst anfängt, Leute einzubinden, wird der Wirkungskreis immer größer und immer mehr Menschen tragen dazu bei, etwas zu verändern. Unser Gemüse kommt unverpackt. Auch hier haben wir viel Zeit in Gespräche mit Bauern, Lieferanten*innen und Produzenten*innen investiert. Das trägt nun Früchte, denn unser Gemüse kommt komplett ohne Plastikverpackung zu uns ins Restaurant.

Meist nutzen wir wiederverwendbare Boxen, diese sind einfach zu tragen, zu verstauen und geben einen direkten Einblick in die Qualität der Lebensmittel. In unseren Augen ergibt es keinen Sinn, ökologisch angebautes Gemüse in Plastik zu verpacken.

Gerade in Deutschland ist der Rückgriff auf unverpackte Produkte umsetzbar und notwendig, um einen Wandel hin zur Nachhaltigkeit einzuläuten.

Wir müssen weiter an einer ökologischen und wirtschaftlichen Kehrtwende arbeiten, um auch für künftige Generationen Lebensqualität zu erhalten.

Um das zu schaffen, müssen wir uns darüber bewusst werden, was wir konsumieren und welche Alternativen möglich sind. Ganz am Anfang steht also die Frage: „Was brauchen wir wirklich?" Darauf gibt es keine pauschale Antwort – jede*r Einzelne muss selbst ergründen, was unverzichtbar ist.

KALTES KLARES WASSER

Zero-Waste geht bei FREA aber noch einen Schritt weiter. Denn wie schafft man es, ein Restaurant auf diesen Weg zu bringen? Für uns war klar, es bedeutet noch viel mehr. Regionalität, Saisonalität, nur ökologisch angebaute Lebensmittel verwenden und einfach alles selbst in unserer Küche herstellen – wenn wir diese Aspekte mitdenken, haben wir direkt einen unmittelbaren Einfluss auf unseren ökologischen Fußabdruck. Wir können direkt dazu beitragen, etwas im positiven Sinne zu verändern. Dass wir dann noch ohne tierische Produkte arbeiten, ist wichtig für die Umwelt und gibt eine neue kulinarische Richtung vor.

Bei FREA probieren wir, in jeder Hinsicht Müll und Verpackungen dort zu minimieren, wo es machbar ist. Wir haben all unser Wissen gebündelt und geschaut, was wir tagtäglich bei FREA brauchen.

Ein gutes Beispiel hierfür ist das Wasser, mit dem wir ein Zeichen setzen wollten. Wir haben in Deutschland das Glück, über qualitativ sehr hochwertiges Trinkwasser zu verfügen und so wollten wir aus etwas Gutem etwas noch Besseres schaffen. Deshalb filtern wir das Leitungswasser mit einem Biofilter aus rein natürlichen Stoffen. Sprudelwasser produzieren wir auch selbst und füllen dann das gefilterte und mineralisierte Wasser in Flaschen ab, die wir nach Benutzung wieder reinigen. Wir können Energiekosten bei der Herstellung der Flaschen und beim Abfüllen einsparen, ebenso verhält es sich mit den Transportwegen. Somit können wir mit nur einer einzigen Flasche Sprudelwasser den Energieaufwand extrem minimieren.

WIE MACHT IHR DAS DENN NUN MIT DEM ZERO-WASTE IN DER KÜCHE?

Fällt bei euch gar kein Müll an? Am besten lässt sich diese häufig gestellte Frage anhand des Beispiels unseres beliebtesten Gerichtes beantworten: der handgemachten und gefüllten Pasta. Von diesem Gericht haben wir seit Eröffnung und innerhalb eines Jahres mehr als 10.000 Portionen hergestellt. Welche Zutaten benötigen wir also dazu und wie viel Verpackung fällt dabei an? Zunächst das Mehl, welches wir in einem 25-Kilogramm-Papiersack bekommen. Dann braucht es Kartoffeln, Zwiebeln, Karotten, Pilze und Knollensellerie. Dieses wunderbare Gemüse kommt komplett unverpackt direkt vom Erzeuger oder der „Plattform 2020" in großen Gemüsekisten zu uns. Krummes Gemüse ist bei uns selbstverständlich herzlichst willkommen. Entweder legen wir es ein, fermentieren es oder geben ihm eine neue Form. Wie sieht es mit Salz und Gewürzen aus? Salz bekommen wir im 10-Kilogramm-Papiersack und unsere Gewürze in einem Bügelglas. Letztlich benötigen wir noch Öl und Essig. Unser Öl bekommen wir aus Spanien in 15-Liter-Plastikeimern.

Diese sind ideal für den Transport und wir können die Eimer sogar direkt zurückschicken, damit sie dort wieder aufgefüllt werden können. Unser Öl reichern wir hier vor Ort noch mit tollen Kräutern aus der Region an. Essig bekommen wir in 10-Liter-Kanistern, die zu 100 Prozent recycelbar sind. Jetzt haben wir all unsere Produkte zusammen. Aus dem tollen Gemüse machen wir die Soßen und die Füllung. Gemüsereste benutzen wir unter anderem auch für unsere „FREA-Essenz" (siehe Seite 169). So können wir das komplette Gemüse verarbeiten, sodass am Ende nur noch ausgekochte Reste oder Schalen für unsere Kompostiermaschine übrig bleiben.

Je größer die Mengen sind, die wir beziehen, besonders bei Produkten aus Übersee, desto länger kommen wir damit aus und können auch so Transportwege einsparen. Hier ist anzumerken, wie wichtig es ist, sich mit der Thematik erst einmal zu beschäftigen. Mit der Zeit entwickeln sich Ideen und es kommen mehr Hersteller*innen hinzu, die unsere Philosophie teilen und etwas Neues ausprobieren möchten. Die Industrie ist noch nicht so weit, dass wir überall alles plastikfrei bekommen. Es bleibt deshalb weiterhin wichtig, Dialoge mit den Produzent*innen zu führen, um auch in Zukunft unnötige Verpackungen zu reduzieren.

Denn je mehr wir auf die Produzent*innen und Lieferant*innen eingehen, desto schneller können wir etwas verändern. Das ist zum Beispiel beim Essig der Fall. Durch Gespräche mit den Hersteller*innen haben wir die Möglichkeit, andere Verpackungen einzuführen, um in größeren Verpackungseinheiten zu bestellen. Das würden wir natürlich gerne bei all unseren Produkten so machen, wenn daraus nicht ein anderes Problem entstünde. Denn je mehr und je größer wir alles bestellen, desto mehr Lagerfläche benötigen wir. Das ist immer so eine Sache. Man denkt, man hat genug Platz, aber wo will man dann 500 Liter Apfelessig unterbringen? Solche Dinge entmutigen uns nicht, im Gegenteil, es macht Spaß, sich damit zu beschäftigen und nachhaltige Lösungswege zu finden. Mit diesem Wissen können wir andere unterstützen und dabei langsam einen Weg ebnen. Wir haben es uns zum Ziel gesetzt, nachzufragen, statt einfach hinzunehmen.

”

LA VITA È UNA COMBINAZIONE DI PASTA E MAGIA.

– FEDERICO FELLINI

5

Die fünf R's haben uns damals geholfen, die Hauptaspekte von Zero-Waste zu verstehen. Mittlerweile wurden noch mehr R's hinzugefügt. Wenn du gerade am Anfang stehst und etwas verändern möchtest, dann helfen sie dir auf jeden Fall bei der Orientierung.

Sie geben einen guten Anreiz, über die Dinge nachzudenken, die wir täglich benötigen und benutzen.

Wir fügen noch ein weiteres R hinzu, nämlich das für „Regional/Regionalität". Regionalität ist einer der Faktoren, mit dem du ganz einfach deinen ökologischen Fußabdruck minimieren kannst und somit direkt Einfluss auf Transport, Verpackung und Anbau nimmst. Du kannst es wie wir machen und die R's nach deinem Belieben ergänzen. Führe diese Philosophie fort und erweitere sie.

REFUSE REDUCE REUSE RECYCLE ROT

1

REFUSE

Wir beginnen mit „Refuse", also „Ablehnen", das sich auf die Frage bezieht, was wir wirklich brauchen, denn es geht darum, bestimmte Produkte und Praktiken zu verweigern. Das kann sich darin zeigen, keine tierischen Produkte mehr zu kaufen, oder auf Reisen innerhalb Europas nicht mehr das Flugzeug zu nehmen. Dieses R scheint auch eines der schwierigsten zu sein, weil es eine klare Entscheidung darüber, was wir zu verändern bereit sind, einfordert.

Wir von FREA verstehen „Refuse" so, dass es an unsere Auseinandersetzung mit dem, was wir wirklich brauchen, anschließt. Sicherlich ist jeder Anfang schwer, gerade, wenn man aus eigenem Antrieb heraus versucht, Gewohnheiten zu verändern. Genau deswegen hat FREA aber eine klare Struktur geschaffen, an der sich alle orientieren können, um diesen Anpassungsprozess so leicht wie möglich zu gestalten.

2

REDUCE

Es folgt das zweite R, „Reduce", also „Reduzieren". Auch hier hilft ein Blick darauf, was uns unverzichtbar scheint, um dann zu entscheiden, an welchen Stellen reduzierter Konsum Sinn ergibt. Es kann bedeuten, bestimmte Produkte mit hoher Klimabilanz seltener zu konsumieren und auch klimaschädliches Handeln zu mindern. Es bedeutet natürlich auch immer, weniger verpackte Dinge zu kaufen und, wenn es nicht anders geht, darauf zu achten, dass weniger Verpackung genutzt wird. Demnach würde man dann die Erdbeeren in der Pappschale jenen aus der Plastikschale vorziehen. Es braucht meist den Weg über „Reduce", um zu „Refuse" zu gelangen – diese beiden Regeln gehen also Hand in Hand.

Zu „Reduce“ denken wir bei FREA, dass – sobald du anfängst, deinen Verbrauch von Abfällen zu reduzieren – du schnell verstehen wirst, dass ein alternativer Umgang möglich ist. Entgegen der Erwartung, dass wir bei FREA alles reduzieren, zeigen wir, dass es nicht um Verzicht geht. Wir reduzieren an den wichtigen Stellen wie Verpackungsmüll usw., jedoch nicht an der Vielfalt der Geschmäcke und Gerichte: Niemand sollte etwas „vermissen“. Wir schaffen dabei etwas Neues, das eigentlich schon längst da war.

3

REUSE

Weiter geht es mit „Reuse", also „Wiederverwenden" und „Reparieren". Es bedeutet Produkten eine neue Funktion zu geben, anstatt sie wegzuwerfen. Man denke dabei an die Gemüseschalen, die sich bestens dafür eignen, Brühe aus ihnen zu kochen. Gleiches gilt für Einrichtungsgegenstände und Elektogeräte, die repariert werden können, anstatt Neues anzuschaffen. In diese Kategorie fällt auch Kunst, die „Abfälle" umnutzt, um Ästhetisches und Aufklärung über Klimaschutz zu verbinden.

Zu dieser Regel hat FREA einen guten Tipp, der beim nachhaltigen Shopping helfen kann. Frage dich vor dem Kauf von Dingen: Wie oft kann ich dieses Produkt wiederwenden? Wenn man sich diese Frage bei der Anschaffung stellt, geht man schon den richtigen Weg. Jasmin und David sind seit Kurzem Eltern. Gebrauchte Kleidung und Spielzeug gibt es überall, man muss nur danach suchen. Kommunikation ist dabei ein wichtiger Faktor: Frag deine Freunde, dein Nachbarschafts-Netzwerk oder Kleinanzeigen, so findest du gebrauchte Sachen und benötigst nichts Neues. Es bedeutet auch, Produkte so lange zu benutzen, wie es geht.

LENTILLE
Kabelbinder

4

RECYCLE

Das nächste R, „Recycle ", also „Wiederverwerten", baut auf die vorangegangen Leitsätze auf und meint die richtige Entsorgung von Abfällen. Solltest du die ersten drei R's streng befolgt haben, wird „Recycle" leicht umzusetzen sein, weil du ja bereits weniger Müll produzierst. Aber dennoch bleibt es wichtig, Müll richtig zu trennen, sodass der größtmögliche Anteil wiederverwertet werden kann.

Wir von FREA erinnern zu diesem R daran, dass wir uns in Deutschland glücklich schätzen können, eine gute Aufbereitung von Müll zu haben. Plastik, Papier und Glas sind die Materialien, die es zu recyclen gilt. Auch bei uns im Restaurant fällt Papiermüll an, ein zu 100 Prozent recycelbarer Rohstoff. Deswegen muss er auch dahin, wo er recycelt werden kann, nämlich in die blaue Tonne. Doch schon im Vorhinein haben wir es in der Hand, wie viel Müll überhaupt anfällt und recycelt werden muss.

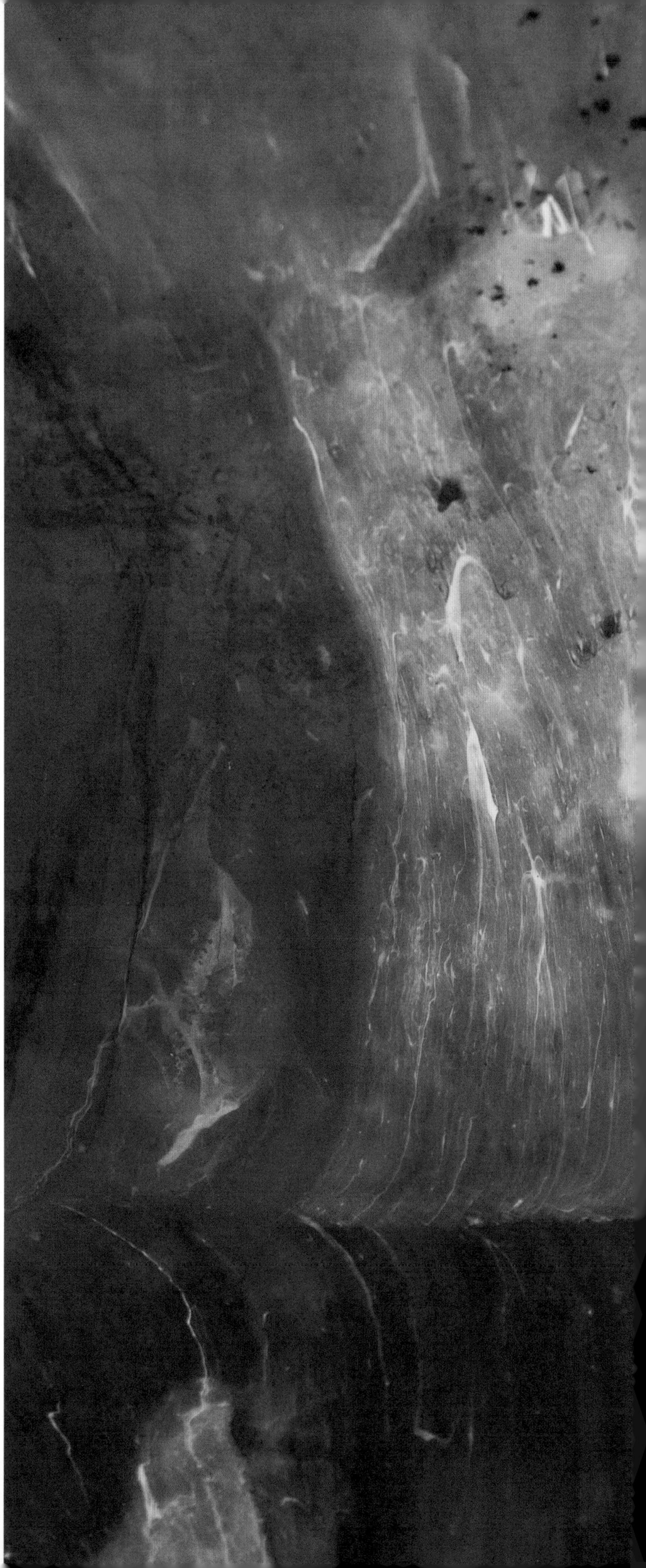

5

ROT

Das fünfte R, „Rot " verweist darauf, organische Abfälle zu „kompostieren". So entsteht Dünger, der in den Anbau von Lebensmitteln zurückgeführt werden kann.

Wir von FREA empfinden dieses R als besonders wichtig, gerade im Kontext eines gastronomischen Betriebs, in dem besonders viele organische Abfälle anfallen. Deswegen steht im Restaurant unsere Kompostiermaschine Gersi, die fleißig unsere Bioabfälle futtert. Durch Bewegung, Bakterien und der richtigen Temperatur verwandelt Gersi alle Reste innerhalb von 24 Stunden zu einem Bodenersatzstoff. Diesen geben wir dann an Bauernhöfe zurück. Zuhause kann man aber auch anders kompostieren, etwa in der Biotonne. Aus den Resten der Biotonne wird Biogas gewonnen, womit 50 Prozent der Müllwagen in Berlin angetrieben werden.[8]

+1

REGIONALITÄT

„Regionalität" hilft uns direkt dabei, Transportwege kurz zu halten, unnötige Plastikverpackungen zu reduzieren und kleinere Bauernhöfe zu unterstützen. Der Austausch mit lokalen Landwirt*innen zu den saisonal verfügbaren Produkten gibt uns die Möglichkeit, unser Gemüse direkt vom Feld zu beziehen.

In einer Küche zu arbeiten und überwiegend regionale und saisonale Zutaten zu verwenden, gibt uns einen direkten Blick in das Herz unseres Landes. Welches Gemüse, Obst oder welche Kräuter zu welcher Jahreszeit wirklich wachsen, wissen nur noch die wenigsten. Es ist schön, sich mit genau diesen Menschen darüber auszutauschen, warum es so wichtig ist, genau diesen Anbau und vor allem diese Küche zu fördern. Wir wollen Anreiz geben, Dinge auszuprobieren und vielleicht Vergessenes wiederzubeleben.

WAS BRAUCHEN WIR WIRKLICH?

Es ist spannend, in sich selbst hineinzuhorchen und nachzuforschen, was man wirklich braucht bzw. was unverzichtbar ist. Von dort aus können nachhaltige Strategien entdeckt werden, wie wir Unersetzliches fair und ökologisch beziehen können. Bei FREA glauben wir, dass der Minimalismus als Haltung gegenüber Konsum, egal ob von Lebensmitteln oder anderen Artikeln und Gütern, der schnellste Weg zur Nachhaltigkeit und somit einer niedrigen Klimabilanz ist. Der minimalistische Blick auf die Dinge geht davon aus, dass wir viel weniger brauchen als wir denken. Ähnlich wie Nachhaltigkeit ist auch Minimalismus ein schillernder Begriff, der unterschiedlich aufgefasst wird. Er kann bedeuten, Dinge weniger zu benutzen (Plastikverpackungen), gar nicht mehr zu nutzen (Autos, Geld), aber auch Dinge selbst herzustellen (Anbau, Kochen) und zu reparieren (Kleidung, Elektronik), aber auch wiederzuverwerten und umzunutzen (Einrichtung).

Bei FREA lässt sich Minimalismus in vielerlei Hinsicht wiederfinden: Verzicht auf tierische Lebensmittel und Plastikverpackungen, weniger Emissionen beim Transport von lokalen Erzeugnissen, das Herstellen aller Gerichte ohne Rückgriff auf Fertigprodukte sowie die Umnutzung von gebrauchten Baumaterialien zur Ausstattung des Gastraumes.

BEWUSSTER KONSUM ZWECKS NACHHALTIGKEIT

Wir sprechen gerne von bewusstem Konsum, um auf Trigger-Wörter wie „ethisch" und „moralisch" zu verzichten, meinen sie aber natürlich mit: Die Aspekte von Ethik und Moral in Bezug auf Konsum empfinden wir als einen wichtigen Kompass. Eine Haltung, die die Umwelt als verehrungswürdig und schützenswert betrachtet, legt den Grundstein für einen bewussten Konsum. Mit bewusstem Konsum geht auch das Reden über ihn und damit das Bewusstmachen einher.

Nachhaltigkeit geht über das Gefühl, das Richtige getan zu haben, hinaus und wird zu einer Quelle der Inspiration, neue Wege zu entdecken, die eigene Psyche, den Körper, andere Geschöpfe und unsere Umwelt zu ehren.

Es beginnt dabei mit dem Essen, es ist essenziell – denn wir können nicht ohne. Essen ist gleichzeitig ein Werkzeug, mit dem wir als Bürger*innen in kapitalistischen Demokratien Einfluss nehmen können. FREA geht so weit, nachhaltiges Kaufverhalten mit politischem Aktivismus gleichzusetzen.

Es geht bei FREA von Anfang bis Ende um die Idee, so wenig schädlichen Einfluss auf die Umwelt in Form von Emissionen und Restmüll zu nehmen wie möglich. Dabei lassen wir uns stets von den Kernprinzipien von Zero-Waste leiten, die eingangs erläutert wurden.

KONSUM UNDOGMATISCH REFORMIEREN

Uns ist es besonders wichtig, dass unsere Philosophie „Neulinge" mit ihrer Komplexität nicht überwältigt. Unser Hauptanliegen ist es, Wege zu zeigen, die Zero-Waste-Philosophie einfach im Alltag anzuwenden. Gleichzeitig streben wir danach, mit Leichtigkeit mit den Themen Nachhaltigkeit und bewusster Konsum umzugehen.

Nachhaltigkeit als „Maxime des Handelns" im eigenen Leben zu folgen, deuten wir als Umgewöhnungsprozess, der nicht als Wettstreit missverstanden werden sollte. Anstatt das zu rügen, was noch nicht bewusstem Konsum entspricht, vertrauen wir auf die Fähigkeit des Einzelnen für eine tägliche „Revolution" – unser unerschöpfliches Vermögen, diesen Umgewöhnungsprozess zu beginnen und weiterzuführen. Jeden Tag hat jede*r von uns aufs Neue die Chance, mehr im Sinne der Nachhaltigkeit zu handeln. Und je einfacher alternative Handlungsoptionen umzusetzen sind, desto leichter wird der Wandel hin zu bewusstem Konsum. FREA steht für diese Leichtigkeit im Umgang mit dem Thema.

Damit möchte FREA dazu inspirieren, immer wieder in den Genuss einer vollwertigen und nachhaltigen Küche zu kommen und diese neue Herangehensweise ans Kochen auch im Alltag auszuprobieren.

Bei FREA wollen wir weder urteilen noch belehren. Bewusster Konsum ist ein Prozess, den wir initiieren und unterstützen wollen. Heiter scheitern gehört genauso dazu wie die stetige Ermutigung, von Neuem beginnen zu können.

NACHHALTIGKEITS-DISKURS IN DER WISSENSCHAFT

FREA bezieht sich auf eine Definition von Nachhaltigkeit, die eine gewisse Transformation durchlaufen hat und im Folgenden dargestellt wird.

Die Direktorin des Zentrums für Literatur- und Kulturforschung Berlin, Prof. Dr. Dr. hc. mult. Sigrid Weigel, schreibt, dass „in dem Maße, wie die Nachhaltigkeit zur allgemein anerkannten Maxime des Handelns" geworden ist, der Begriff Gefahr laufe, „abstrakt, leer und pragmatisch zu werden".[15] Die Wissenschaftlerin betont, dass es wichtig sei, die Tiefendimension des Begriffes zurückzugewinnen, indem man die zwei Schlüsselwörter rund um den Diskurs über Nachhaltigkeit zusammenführe. Diese sind das „Überleben des Planeten und die Lebensqualität der künftigen Generationen".[15]

Wir erkennen an, dass Nachhaltigkeit sicherlich Überleben der Menschen und Umwelt bedeutet, aber auch die Lebensqualität kommender Generationen mitdenken muss.

BEGRIFFS-ENTSTEHUNG

Relevanz für die internationale Politik erreichte der Begriff Nachhaltigkeit erstmals 1972 in einem Bericht des „Club of Rome".[16] Sein Bedeutungsspektrum umfasst „Krisenbewusstsein, globale Perspektive und Zukunftsverantwortung".[16] Ausschlaggebend hierfür war die im gleichen Jahr veröffentlichte Studie „Die Grenzen des Wachstums" einer Gruppe von Forschenden des Massachussetts Institute for Technology (MIT) um Dennis L. Meadows.[17] Die Studie untersuchte „die Ursachen und Folgen des ständigen Wachstums der Weltbevölkerung, der Industrie, des Verbrauchs an Rohstoffen, der Produktion von Nahrungsmitteln und der Umweltverschmutzung"[17] und kam zu dem alarmierenden Fazit, das Schicksal der Menschheit – ja ihr Überleben – hinge davon ab, wie schnell die eingangs genannten Probleme gelöst werden könnten. Schon für das Jahr 2050 stellten die Forschenden verheerende Prognosen. Um zukünftige Katastrophen abzuwenden, empfiehlt der Club of Rome schließlich, eine „freiwillige Begrenzung des industriellen Wachstums und eine Umorientierung zu einem qualitativen Wachstum mit mehr Lebensqualität".[16] Die aufsehenerregende Studie führte dazu, die Effekte des Wachstums auf Mensch und Umwelt bei politischen und wirtschaftlichen Entscheidungsprozessen mitzudenken, beispielsweise im Konzept einer nachhaltigen Entwicklung.

GENERATIONS-GERECHTIGKEIT

Sigrid Weigel unterstreicht dabei, dass diese ersten Warnungen zur Nachhaltigkeit mittlerweile zur „Richtschnur politischen Handelns anerkannt" wurden, immerhin im und als Prinzip.[15] Zu dieser Anerkennung der Notwendigkeit von Nachhaltigkeit tragen auch aktuelle Entwicklungen bei: „Gegen die Bilder von schmelzenden Gletschern, verdorrten Feldern, hungernden Kindern oder einer alternden Gesellschaft können Wissenschaft und Technik heute nicht mehr so leicht in Stellung gebracht werden, ist zwischenzeitlich doch allzu deutlich geworden, dass nicht wenige der Probleme als ungewollte Nebeneffekte des Fortschritts selbst gelten müssen".[15]

An die Forschung und Technologie stellt sich somit eine Frage der Introspektive: „Welches Wissen ist in der Lage, den Anforderungen von Bestandssicherung und Lebensqualität zu genügen?".[15] Damit stehen die Zukunftsträchtigkeit einzelner Innovationen zur Debatte, genauso wie deren Nutzen, Nebenwirkungen und Folgekosten. „Zukunftsfähige Entwicklung" bedeutet seit dem Bericht der Weltkommission für Umwelt und Entwicklung 1983, dass gegenwärtige Generationen ihre Bedürfnisse nur in dem Maße befriedigen, wie die Befriedigung der Bedürfnisse zukünftiger Generationen nicht gefährdet wird. Weigel schreibt, dass im Nachhaltigkeitsdiskurs die Idee von Generationengerechtigkeit bzw. Generationenvertrag die Pathosformel vom „Überleben der Menschheit" überlagert und teils ersetzt habe. Mit der „zukünftigen Generation" sei eine Instanz auf den Plan getreten, mit der „das Überleben der Menschheit gleichsam ein Gesicht erhalten" habe und diese Generationengerechtigkeit nun einfordere.[15] In ihrem Beitrag stellt Weigel zwei sehr wichtige Fragen: Was/wer ist die zukünftige Generation, in deren Namen Gerechtigkeit gefordert wird und wer zählt zu ihr?

FRIDAYS FOR FUTURE X FREA

2015 konnte Weigel noch nicht wissen, dass zum Ende der Dekade Tausende von Schüler*innen im Namen des Klimas die Straßen streikend besiedeln würden. Die „zukünftige Generation" hat mit Akteurinnen wie Greta Thunberg und Luisa Neubauer „ein Gesicht" bekommen und mit dem Slogan „Fridays For Future" einen Namen. Die Bewegung versteht die aktuelle Politik der Nachhaltigkeit vor diesem Horizont „als eine auf die Zukunft gestellte Praxis des Erbens". Diese zukünftige Generation lehnt sich gegen die momentane Form des Wirtschaftens und des Umgangs mit Flora und Fauna auf und fordert zukunftsfähige Entwicklungen, also Strategien und Technologien. Diese müssten JETZT in Kraft treten, damit der Planet Erde die Möglichkeit auf ein gutes Leben auch für „unsere Kindeskinder" bieten kann.

VON DER THEORIE ZUR PRAXIS

FREA hat sich der FFF-Bewegung nicht nur geistig angeschlossen. Das gesamte Team streikte freitags gemeinsam mit Schüler*innen und anderen Aktivist*innen. FREA steht für das Verständnis, Nachhaltigkeit als Maxime des Handelns sei nur eine Seite der Medaille und habe keinen Wert, „wenn sie nicht durch die Erfahrung gedeckt ist".[15]

Es benötigt somit ein Repertoire aus erlernten Handlungsmustern, das unseren Wunsch, nachhaltiger zu leben, von der Möglichkeit in die Wirklichkeit überträgt. Hierfür bietet FREA eine Struktur und ein soziales Netz, welches zu klimafreundlicherem Handeln und Konsumieren ermutigt und Rückschläge und Fortschritte begleitet.

DIMENSION FREA

Wie stellen wir uns also die Zukunft angesichts des Klimawandels vor? Um dies zu erörtern, ist die Dimension F, im Sinne von Fiktion und Fantasie, auch „facultas fingendi" (das Vermögen zum Wahrscheinlichkeitsdenken) genannt, so wichtig. Diese Dimension kann als das Experimentierfeld für Nachhaltigkeitsforschung gewertet werden, die sich weniger in dem Genre der Science-Fiction-Literatur ausdrückt als in einem Bereich, der sich als Feld des Probehandelns versteht. Dieses Buch zählt zu letzterem, versucht es doch, „in die imaginäre Zeit des Gewesen-Sein-Werdens [zu führen], wo man sich die Frage vorlegt, wie sich einzelne Innovationen von Wissenschaft und Technologien darstellen und anfühlen, wenn sie ihren Sitz im Leben erhalten haben werden".[15]

Mit diesem Buch wollen wir unsere Geschichte erzählen, um andere zu motivieren und zu zeigen, wie sich Technologien und Wissen bezüglich Nachhaltigkeit im gastronomischen sowie privaten Alltag anfühlen und umsetzen lassen.

Auch im wortwörtlichen Sinne ist FREA ein Feld des Probehandelns, insofern das Restaurant ein Ort ist, der gustatorische Versuche erlaubt. Hier werden geschmackliche Experimente durchgeführt, die zeigen, was pflanzenbasiert und ohne Abfall möglich ist. Auf diese Weise wollen wir ein Umdenken in Bezug auf unsere Esskultur bewirken. „Wenn das Vermögen von Kunst, Literatur und Kulturwissenschaften nicht genutzt wird, werden wir die Nachhaltigkeit immer schon verpasst haben", schreibt Sigrid Weigel.[15] Wir von FREA können dieser Einschätzung nur zustimmen.

SAISONALER OBST- & GEMÜSE-KALENDER

^ LAGERWARE

JANUAR & FEBRUAR

MÄRZ

PASTINAKE
FELDSALAT
KARTOFFEL
KNOLLENSELLERIE
KAROTTE
RHABARBER
RETTICH
KOPFSALAT
CHINAKOHL
APFEL
WEISSKOHL
ASIA-SALAT
ZWIEBEL
ROTE BETE
ROSENKOHL
PORREE
WIRSING
ROTKOHL
SPINAT
KÜRBIS
SCHWARZWURZEL
CHICORÉE

APRIL

PASTINAKE
ROTE BETE
FELDSALAT
KARTOFFEL
KOPFSALAT
KAROTTE
SPINAT
RETTICH
WEISSER SPARGEL
RHABARBER
ZWIEBEL
RUCOLA
APFEL
PORREE
KNOLLENSELLERIE
SPARGEL
ASIA-SALAT
RADIESCHEN

MAI

WEISSER SPARGEL
KNOLLENSELLERIE
RHABARBER
ROTE BETE
ERDBEEREN
APFEL
CHICORÉE
KAROTTE
RUCOLA
FELDSALAT
RETTICH
BROKKOLI
SPARGEL
FRÜHLINGSZWIEBEL
ZWIEBEL
EISBERGSALAT
ENDIVIEN-SALAT
RADIESCHEN
SPINAT
TOMATE
SPEISERÜBE
KOPFSALAT
KARTOFFEL
ROMANA-SALAT
KOHLRABI
PASTINAKE

JUNI & JULI

CHINAKOHL
KOHLRABI
ERDBEEREN
ZUCCHINI
BLUMENKOHL
KARTOFFEL
WEISSER MANGOLD
KIRSCHEN
ROTE BETE
RHABARBER
STAUDENSELLERIE
APRIKOSE
RETTICH
GURKE
ERBSEN
SPARGEL
RADIESCHEN
WEISSER SPARGEL
HOLUNDERBLÜTEN

GRÜNE BOHNEN
TRAUBEN
FENCHEL
STACHELBEERE
HIMBEEREN
PORREE
JOHANNISBEEREN
KAROTTE
ZWIEBEL
ROMANA-SALAT
BROMBEEREN
TOMATE
RADICCHIO
FRÜHLINGSZWIEBEL
BLAUBEEREN
SPINAT
ENDIVIEN-SALAT
SPEISERÜBE
BROKKOLI
PASTINAKE
PAPRIKA

AUGUST

APFEL
ERDBEEREN
KIRSCHEN
TRAUBEN
KARTOFFEL
RADIESCHEN
BIRNE
PFIRSICH
FELDSALAT
ZUCCHINI
SPINAT
ROTE BETE
KOPFSALAT
GURKE
CHINAKOHL
ROTKOHL
RUCOLA
EISBERGSALAT
SPEISERÜBE
ENDIVIEN-SALAT
RETTICH
PAPRIKA
KNOLLENSELLERIE

BROKKOLI
BLUMENKOHL
PFLAUME
ZWIEBEL
MAIS
KAROTTE
KNOBLAUCH
STAUDENSELLERIE
KOHLRABI
BLAUBEEREN
JOHANNISBEEREN
MIRABELLE
ROMANA-SALAT
PASTINAKE
FENCHEL
AUBERGINE
CHICORÉE
APRIKOSE
ERBSEN
TOMATE
FRÜHLINGSZWIEBEL
GRÜNE BOHNEN
RADICCHIO

SEPTEMBER

AUBERGINE
GRÜNE BOHNEN
BROMBEEREN
PORREE
ERBSEN
HOLUNDERBEEREN
BIRNE
SPINAT
TOMATE
BLAUBEEREN
RADICCHIO
KNOLLENSELLERIE
PILZE
PFLAUME
ZWIEBEL
TRAUBEN
WEISSER MANGOLD
EISBERGSALAT
MAIS
PAPRIKA
KARTOFFEL
PASTINAKE
RETTICH
ROSENKOHL

WIRSING
HIMBEEREN
RUCOLA
MEERRETICH
FRÜHLINGSZWIEBEL
BLUMENKOHL
KNOBLAUCH
BROKKOLI
WEISSKOHL
KOHLRABI
FENCHEL
SPEISERÜBE
ROTE BETE
ROMANA-SALAT
STAUDENSELLERIE
CHINAKOHL
RADIESCHEN
KÜRBIS
GURKE
ZUCCHINI
GRÜNKOHL
ROTKOHL
KOPFSALAT
APFEL
KAROTTE

OKTOBER

PASTINAKE
RUCOLA
ROSENKOHL
GRÜNE BOHNEN
FRÜHLINGSZWIEBEL
MAIS
BLUMENKOHL
CHINAKOHL
KOHLRABI
BIRNE
TOPINAMPUR
BROKKOLI
FELDSALAT
KNOLLENSELLERIE
SPINAT
RADICCHIO
SPEISERÜBE
ZWIEBEL
QUITTE
RADIESCHEN
BROMBEEREN
ROTE BETE
ROMANA-SALAT
KARTOFFEL
FENCHEL
SCHWARZWURZEL
KÜRBIS
APFEL
WIRSING
STAUDENSELLERIE
SCHWARZER RETTICH
KOPFSALAT
EISBERGSALAT
ROTKOHL
HASELNÜSSE
ZUCCHINI
PORREE
WALNÜSSE
RETTICH
PILZE
KAROTTE
GRÜNKOHL

NOVEMBER
KÜRBIS
QUITTE
PASTINAKE
ROSENKOHL
CHINAKOHL
BROKKOLI
RADICCHIO
FELDSALAT
SPINAT
KNOLLENSELLERIE
SCHWARZER RETTICH
SCHWARZWURZEL
PORREE
ROMANA-SALAT
SPEISERÜBE
CHICORÉE
KOPFSALAT
STAUDENSELLERIE
KOHLRABI
SPITZKOHL
ROTKOHL
TOPINAMPUR
APFEL
ROTE BETE
BIRNE
RETTICH
ZWIEBEL
WIRSING
BLUMENKOHL
KARTOFFEL
KAROTTE
FENCHEL
GRÜNKOHL
RADIESCHEN
FRÜHLINGSZWIEBEL
HASELNÜSSE

DEZEMBER

WEISSKOHL
ROTKOHL
SCHWARZWURZEL
FELDSALAT
KÜRBIS
GRÜNKOHL
BIRNE
ROSENKOHL
RETTICH
PORREE
ZWIEBEL
ROTE BETE
APFEL
KNOLLENSELLERIE
SCHWARZER RETTICH
SPITZKOHL
CHICORÉE
PASTINAKE
KARTOFFEL
CHINAKOHL
KAROTTE

QUELLENANGABEN

1 Spiegel (2020). Tiefsee-Flohkrebse mit Plastik im Magen entdeckt. Zugriff am 01.10.2020. Verfügbar unter: https://bit.ly/3nFtOvl

2 Crutzen, P (2018). Das Anthropozän Erzählen: fünf Narrative. Zugriff am 01.10.2020. Verfügbar unter: https://bit.ly/3qi4LFP

3 WWF (2019). Würden Sie eine Kreditkarte essen? Zugriff am 01.10.2020. Verfügbar unter: https://bit.ly/3i3Yf2x

4 Bündnis 90 Die Grünen (2019). Deutschland ist nicht Recyclingweltmeister. Zugriff am 01.10.2020. Verfügbar unter: https://bit.ly/2NEBHKD

5 Süddeutsche Zeitung (2014). Illegale Müllentsorgung und Drogengeschäfte. Zugriff am 01.10.2020. Verfügbar unter: https://bit.ly/3nBuAiq

6 Earth Overshoot Day 2017. Zugriff am 01.10.2020. Verfügbar unter: https://bit.ly/3oE034P

7 Destatis (2019). Kurzübersicht Abfallbilanz – Zeitreihe. Zugriff am 01.10.2020. Verfügbar unter: https://bit.ly/35uJ90H

8 Suchy, D. J. (2018). DAS PASSIERT MIT DEINEM MÜLL! - JOHNNY & THE FOOD - ZERO WASTE. Verfügbar unter: https://bit.ly/2LoFZ85

9 Suchy, D. J. (2017). IST UNSER TRINKWASSER SAUBER??? - JOHNNY & THE FOOD - ZERO WASTE. Verfügbar unter: https://bit.ly/3i6gfJp

10 Albert Schweitzer Stiftung für unsere Mitwelt (2017). Das steckt hinter einem Kilogramm Rindfleisch. Zugriff am 01.10.2020. Verfügbar unter: https://bit.ly/2L4Dily

11 Suchy, D. J. (2017). FREA - PLANT BASED ZERO-WASTE RESTAURANT - NO PLASTICO FANTASTICO. Verfügbar unter: https://bit.ly/2LJtO5o

12 Selmer GmbH (2019). Stuhl aus recyceltem Plastik – Waste Chair. Zugriff am 01.10.2020. Verfügbar unter: https://bit.ly/3sholDH

13 UNESCO. Deutsche Brotkultur. Zugriff am 01.10.2020. Verfügbar unter: https://bit.ly/2LsBnOj

14 fairement. Natursauerteig – ganz einfache Herstellung! Zugriff am 01.10.2020. Verfügbar unter: https://bit.ly/3qcSPoB

15 Siegrid Weigel (2010): ÜberLebensQualität. Kulturwissenschaft und Nachhaltigkeit, in: Glanzlichter der Wissenschaft. Ein Almanach. S.153-161. Deutscher Hochschulverband.

16 Wikipedia (2020). The Club of Rome. Zugriff am 01.10.2020. Verfügbar unter: https://bit.ly/3shpdYZ

17 Bundeszentrale für politische Bildung. Grenzen des Wachstums. Zugriff am 01.10.2020. Verfügbar unter: https://bit.ly/3qaHghO